www.magisterio.com.co

Martín Zawady Ovalle

Teatro filosófico e histórico

Sentencia de Oráculo

artísticamente
MAGISTERIO

artísticamente
MAGISTERIO

Teatro filosófico e histórico

Sentencia de oráculos

Autora
© Martín Zawady Ovalle

Libro ISBN: 978-958-20-0419-4

1998. Primera edición.
2008. Segunda edición.
2011. Tercera edición
2016. Cuarta edición

© Cooperativa Editorial Magisterio
Diagonal 36 Bis (Park Way) No. 20-70
PBX: 338-3605
Bogotá, D.C. Colombia
www.magisterio.com.co

A
Clarita,
Agdy y
Megdy David:
mi hogar.

Contenido

Presentación

Todo profesor se siente en la necesidad de prepararse, con seriedad y responsabilidad, frente al momento histórico y crítico, por el que está pasando la Educación Colombiana. Es menester, crear estrategias de aprendizaje, que se adecúen a la realidad social.

Tradicionalmente, las asignaturas de *Filosofía* y *Español,* han adoptado unas metodologías expositivas, en las que, tanto el alumno como el maestro, encuentran en la repetición y memorización, los elementos básicos de trabajo. El nuevo currículo, promueve el aprendizaje participativo, dinámico, vivencial y estimula el gusto por la vida. Por ende, el *teatro,* como recurso pedagógico, conlleva a los estudiantes, a que encuentren en estas asignaturas, un medio para construir conocimiento, de una manera más participativa y creativa.

El teatro, proporciona elementos prácticos y teóricos, en los que se conjugan factores sicológicos, sociales, culturales y estéticos, a través de los cuales, es posible ubicar hitos del conocimiento, y desarrollar las habilidades del lenguaje.

Este texto, constituye un aporte metodológico, en las áreas de *Filosofía* y *Español*, porque todo aprendizaje, se basa en la lengua materna; por lo tanto, los currículos y didácticas, deben atender, con especial cuidado, este aspecto, ya que el lenguaje, es la expresión del pensamiento, el medio de comunicación, más humano, y la Filosofía, que parte de la lengua, como el elemento estructural del pensamiento, conduce a reivindicar valores, a elaborar conocimientos, y a tomar posiciones analíticas y críticas, frente a problemáticas sociales. Éstas, son, en consecuencia, razones válidas, para plantear una concepción diferente, en el manejo didáctico de dichas asignaturas.

Desde el punto de vista práctico, esta experiencia pedagógica, permite que los alumnos, con problemas psicológicos o con problemas de relaciones humanas, los superen, ya que el joven se ve en la exigencia, de hacerle frente a un público, que lo va a criticar constructivamente, teniendo en cuenta: la actuación, la elaboración, redacción y manejo del tema; la metodología, disciplina y organización de los trabajos, los recursos escenográficos que construyó para la representación, la ubicación espacial, expresión corporal y oral; la sustentación y defensa del trabajo, frente a preguntas intelectuales y estéticas, que pueden surgir del auditorio, durante el foro que se realiza después de cada acto.

También, estas actividades, generan amistad e integran profesor y alumnos, porque el maestro, se encuentra en la necesidad de planear y organizar con ellos; consultar, redactar, ensayar, compartir, estar más cerca de los problemas y sentimientos de los estudiantes.

Seguramente, en la medida en que usted, se va adentrando en los temas y ejercicios, que se proponen en este libro, descubrirá que esta experiencia pedagógica, no sólo ha sido un proceso, sino el resultado de nuestra labor educativa.

Como objetivos de este texto, se propone brindar a los profesores y alumnos, los principales elementos técnicos y prácticos, para enseñar y estudiar *filosofía* y *español,* tomando como recurso pedagógico el teatro, con el fi de producir y motivar cambios metodológicos en la educación.

Capítulo primero

Teatro y educación

El *Arte Dramático,* es el que se halla más fusionado con la trama de nuestra vida. No solamente está ligado a nuestros placeres y fiestas sino que basta mirar un momento alrededor, para verlo nacer espontáneamente y prosperar, –por así decirlo– en el estado más difuso. "Ningún ser viviente, se ha privado del ejercicio de hacer teatro; el mimetismo, en el caso del animal y de la planta y el juego, en el animal y el ser humano, significa ya, hacer teatro": Nicolás Evréi noff, Le Théatre Dans La Vie, Stock, 1930.

Afirma que el teatro, es un recurso pedagógico, sería, a la vez, una propuesta y un camino por recorrer. Si miramos la Historia, para recordar la relación tan estrecha que ha existido entre el teatro y la Educación, debemos detenernos, después de la época primitiva, en el Clasicismo Griego, la Edad Media, el Barroco, el Neoclasicismo, el Romanticismo y la Época Contemporánea, con el fi de encontrar los fundamentos teóricos que motivaron nuestra experiencia docente.

Según el "Homo Ludens", de Huizinga, el arte de los tiempos primitivos, era, al mismo tiempo y en una sola unidad, culto, festividad, juego de sociedad, artesanía, prueba, enigma, lección, aprendizaje, convencimiento, predicción, profecía, competición; es decir: acción y poesía de una comunidad, unida por lazos fuertes y profundos, por una visión común de la vida, y por un arte que toca las fuentes de su fe, de su vida espiritual y de su labor educativa.

En esta época, encontramos géneros literarios, tales camo: las fórmulas mágicas, sentencias de oráculo, canciones de guerra y del trabajo, que expresa la colectividad, sin simulaciones y sin ficción porque su educación apunta a desarrollar una sensibilidad comunitaria y a encarnar papeles o actitudes, en todas las expresiones culturales de la sociedad.

El hombre, no expresa la vida interior, ni representa la vida exterior, sino que, entra en un contacto comunitario, con las fuerzas que trascienden y dirigen la vida. Cada ceremonia religiosa, tiene una función formativa, que busca un efecto práctico, además de afirma la expresión lúdica del hombre, en el ritmo, la música y la danza. Los mitos sobre el origen del mundo, pretenden, no representar sino recordar, o mejor: encarnar ese origen.

Nos hemos referido a unas expresiones culturales, que se remontan a la época de la magia, cuya característica principal, es ser expresión de la unidad camunitaria. No existía el individualismo, como sí va a aparecer posteriormente, en la Edad Homérica, y con mayor razón en el Clasicismo Griego del Siglo V A. de C.

El Drama Griego, implica una idea completamente nueva del arte. Ya se ha producido en el arcaísmo, la autonomía del individuo, y las esferas espirituales, se han liberado de la magia y de la religión. Ahora, se afirm el "arte por el arte", que no es, en este momento, un medio para un fin sino que se transforma dialécticamente en fin o sea: objetivo en sí mismo y como tal, puede influencia decisivamente en la comunidad. Esto quiere decir: que el *teatro,* se ha constituido como autónomo, y se ha convertido en guía para el perfeccionamiento y la realización personal; además, lo más significativo es que mantiene la íntima relación entre las fiesta dionisiacas del Siglo VI A. de C., que dan origen al *teatro* y la "comunidad partícipe". Ahora, lo que se considera esencial y tradición en el Teatro Griego, es la que el pueblo, identificad con el Coro, no va a ver una representación teatral, sino que va a "participar" de un "acontecimiento" primitivo, y que tiene que ver con su vida. Indudablemente, el *teatro,* en su evolución, se convierte en un espectáculo convencional; sin embargo, lo que queremos señalar, y que consideramos de suma importancia, es la "participación" activa de la comunidad, en su relación con el *teatro.*

El Drama Clásico del Siglo V, educa para la Democracia. Hausser, en su "Historia Social del Arte y la Literatura", sostiene que la *tragedia,* es la expresión más auténtica de la Democracia Ateniense. En este género teatral, se expresa la lucha de clases, entre los progresistas demócratas y la aristocracia de sentimientos heróicos. Fijémonos, que el contenido del *drama,* es la leyenda aquea, y la representación en público, es una manifestación propia de la Democracia, que se vale del *teatro,* para educar al pueblo. El Drama Griego, es fundamentalmente, teatro didáctico y político. Esta afirmación se abstrae de la lectura de Eurípides, Sófocles o Esquilo. Por ejemplo: el fina de "Las Euménides", de Esquilo, nos da una concepción de esta realidad, cuando Atenea, entona una alabanza, por el progreso de Grecia. Atenea: Todo lo que se sigue a una victoria sin mancilla, lo que la tierra da y el mar, y el soplo de los vientos, acrecienta los frutos y los rebaños. ¡Que los hombres sean prósperos, felices, sana y salva la niñez! Euménides 4a.: Les deseamos frutos abundantes y útiles para la vida, que en la tierra germinan, al propicio calor que les da Helios. Atenea: ¡Recordad siempre, que se os mostrarán propicias las Euménides!

Revisemos como está constituida la *tragedia,* en el momento de su madurez; está formada por un prólogo, la entrada del coro y el corifeo, episodios divididos en cantos, el éxodo y un mensajero, o bien: un dios que resuelve el conflict planteado. En la forma del drama, se resalta el "diálogo", como modo de expresión de los personajes, el coro y el corifeo.

Platón, como lo revelan sus obras, hubiera sido un excelso poeta y hombre de teatro, seguramente hubiera superado a Esquilo, Sófocles o Eurípides, si hubiera seguido ese camino. Sólo toma del teatro, la estructura o forma de la *tragedia;* es decir: la modalidad del diálogo entre personajes, como recurso didáctico, como medio de comunicación, para expresar contenidos filosófico como método de investigación y de aprendizaje.

El "Teetetes", de Platón, presenta un aspecto pedagógico, que nos llamó la atención: el de las representaciones y juegos, que motivan al joven, a aprender con deleite: "He aquí, justamente, mis dudas, y no puedo formarme por mí mismo, una idea clara de lo que es la ciencia".

"¿Podremos explicar en qué consiste? ¿Qué pensáis de esto y quién de vosotros lo dirá primero? El que se engañe hará de burro, como niños cuando juegan a la pelota y el que se sobrepuje a los demás, sin cometer ninguna falta, será nuestro rey y nos obligará a responder lo que quiera".

"La República" y "Fedro", son diálogos ricos en dramaturgia, capaces de producir "goce estético" en el lector. También, al comprender la Alegoría de la Caverna o el Mito de la Carroza, nos damos cuenta que Platón, tuvo presentes los elementos del *teatro,* con fine meramente pedagógicos.

El *Teatro Aristotélico,* no tiene una función pedagógica o política, claramente definida aunque en su aspecto catártico y mimética, se puede recuperar el elemento pedagógico. El Estagirita, en su "poética", dice que: "El imitar, es connatural al hombre, desde niño... Todos se complacen con las imitaciones... El motivo de esto, es que el aprender, es cosa muy deleitable, no sólo a los filósofos sino también a los demás... Estas afirmacione del filósofo son acertadas, porque el primer goce estético del niño, se da cuando aprende a caminar; sabemos que este acto, es el resultado de la imitación, por consiguiente, la mimesis y catarsis, que se manifiest en la expresión corporal, los gestos y los juegos infantiles, son un elemento fundamental para el aprendizaje.

La Edad Media, conserva una "tradición" del *Teatro Antiguo,* y que va a permanecer a fi en el *Teatro Barroco* del Siglo XVII. Nos estamos refiriend a la participación de la comunidad, en el acto escénico que fué esencial en el *Teatro Griego* y que, de alguna manera, continúa presente en los actores medievales, quienes se organizan en las cofradías y hacen sus representaciones teatrales; primero, en el altar después en el atrio de la Iglesia; luego, se pasa de éste a la plaza pública y por último, se crean los corrales, que son espacios cerrados y descubiertos, para las acciones escénicas. Estos cambios de lugares, significa una comunicación más directa con el público y también, la secularización del *teatro,* produciéndose durante el medioevo, dos clases de arte dramático: el sagrado y el profano.

El *Teatro Sacro,* se expresa en los misterios religiosos, compuestos de múltiples escenas yuxtapuestas, con centenares de actores y cuyas escenas se prolongan durante varios días. Conocemos los misterios de la pasión, la navidad, la vida de María, que están conectados con un calendario litúrgico, como en los tiempos de las dionisíacas griegas. Todos estos temas cristianos, tienen una amplitud épica. Una vez más, se manifiest este género, con la capacidad de ejercer una función pedagógica, como en la época del *Teatro Griego.*

La educación medioeval, depende de la Iglesia, que toma la forma épica medieval o narrativa y el contenido religioso, como un recurso para culturizar a la comunidad, según la ideología cristiana. El clero, se siente responsable de educar a la sociedad, que debe "participar" activamente, para que el espectáculo adquiera sentido completo; forma y contenido del *teatro,* se integran para fundamentar en las conciencias, la religión, la moral y la ética cristiana.

El *Teatro profano,* auténticamente popular, es el resultado de un proceso de secularización del drama medieval. Las farsas, los monólogos satíricos, los entremeses cortesanos y las danzas de la muerte, son de carácter popular. Fraridet, Berenger y Pasarol, dramaturgos de la época, se dirigen a la colectividad, con un pensamiento crítico y cuestionador del momento, así lo demuestran las farsas, que ofrecen a los pobres, una oportunidad para oponerse a la jerarquía.

Las fiestas y los misterios medievales, se sintetizan en el *Teatro Barroco del Siglo de Oro español,* y el *Drama Isabelino.* Con Shakespeare, Lope de Vega, Tirso de Molina y Calderón de La Barca, se inicia la secularización de los temas, la privatización y la homogeneización del espacio. El espectáculo de este tiempo, se dirige, en su totalidad, a la comunidad, para que participe activamente. Este aspecto, es claro en la estructura de algunas obras dramáticas, constituidas de las siguientes partes: una loa, los tres actos de la obra principal, un entremés entre el primero y segundo acto, al final un baile de clausura, que signific la "participación" total de la comunidad.

Esta reflexió introductoria, nos ha permitido asimilar, con claridad, una tradición que, –como ya hemos analizado– se ha conservado desde el teatro clásico de los griegos, hasta el teatro barroco español y el drama isabelino. Enfatizamos, que esta tradición, está relacionada con la integración: espectáculo-público, a través de la participación activa de la sociedad, en el teatro; relación dialéctica que se rompe con la aparición del "teatro de consumo", propio del mundo burgués en la época moderna. No obstante, la relación entre teatro y educación, se da en el neoclasicismo, el romanticismo y el teatro contemporáneo, corrientes artísticas que contemplaremos brevemente a continuación.

El Neoclasicismo del Siglo XVIII, surge en Francia, como oposición al Barroco. Es un movimiento semejante al Renacimiento Europeo, en la medida en que reivindica nuevamente los clásicos grecolatinos y sus principios tradicionales: planteamiento, nudo y desenlace. Sin embargo, el teatro de esta época, se manifiest con sentido crítico, frente a los defectos de una sociedad, en donde el absolutismo, ejerce su poder. Racine, Corneille y Molière, son los dramaturgos, quienes hacen del teatro, un instrumento ideológico. Molière, quien es un burgués, en sus comedias, ridiculiza no a la burguesía sino a las clases altas. Estos dramaturgos neoclásicos, descubren el valor artístico, como arma en la lucha social y como medio de educación de la comunidad.

El Romanticismo, entre otras razones, surge por la desilusión que provocaron los resultados de la Revolución Francesa y el desarrollo socioeconómico y cultural del mundo moderno. El autor dramático, se contrapone al Racionalismo, y se dirige a la comunidad, para transformar su mentalidad, apartándola de la tendencia pragmática de momento, a fi de recuperar la mitología popular, el pasado colectivo, la infancia, los sueños, las nociones de la caballería andante, el amor cortés y la participación de la sociedad en el arte. Conviene leer las obras de Víctor Hugo, Alejandro Dumas, Ricardo Wagner, José Zorrilla o el Duque de Rivas, para encontrar en ellas, los elementos característicos del Romanticismo, su sentido revolucionario y su relación con la educación social.

La Época contemporánea, vive aún más intensamente, el fenómeno de un teatro, como producto de consumo, que imposibilita la participación activa del espectador, "distanciándolo" del espectáculo, y convirtiéndolo en un sujeto pasivo. Frente a esta tendencia, se origina en el Siglo XX, una pléyade de autores y grupos, que crean un contexto de creen cias y proyectos, o sea: una situación social, para romper con la dicotomía entre espectáculo y público, a fi de reivindicar el deber social de la "participación" activa de la comunidad en el teatro.

Consideramos, que los autores y grupos contemporáneos más importantes, son: Beckeet, Ionesco, Adamov, Jean Vilar, Grotowski, Artaud, Brecht y Piscaror; Living Theater, Open, Magic, Café La Bumá, Teatro del Sol, Teatro Campesino, New Trope; el Teatro Arena de Sao Paulo, el grupo Tercer Mundo de Cuba, el Teatro Popular de Bogotá, El Teatro Nacional de Colombia, etcétera, porque sus trabajos y obras, son un aporte para "el nuevo teatro", que manifiest una actitud de búsqueda, frente al fenómeno estético y toma una posición crítica, frente a los conflicto socioeconómicos, políticos y culturales de nuestra sociedad.

Del estudio que hemos realizado, de las propuestas hechas por los autores y grupos mencionados, consideramos que la de Bertold Brecht, es de suma importancia, porque puede ser el punto de partida, para constituir un "teatro escolar".

A través de la lectura de las obras brechtianas, comprendemos que su preocupación es sociopolítica y ante todo, educativa. Logra en el auditorio, "el efecto de distanciamiento", que resulta ser un proceso comunicativo con el espectador, para mostrarle la realidad, y hacerlo tomar una actitud analítica y crítica, frente a la sociedad que se representa en la obra de teatro; además, rompe con el teatro aristotélico, que genera un auditorio pasivo, frente al espectáculo y recupera para el nuevo arte dramático, las dos dimensiones del teatro clásico: cien cia-ficción y función pedagógica.

Capítulo segundo

Preparación del actor

El movimiento humano

Muchas ciencias, se han interesado por el movimiento del cuerpo humano: la Anatomía Funcional, la Fisiología, la Sociología, que han aportado los conceptos fundamentales; pero es la Psicokinética, la ciencia de la conducta, que estudia los movimientos humanos.

La Psicokinética considera el movimiento humano como una de las dimensiones de la conducta. Utiliza el movimiento, para educar la voluntad con el entrenamiento y la disciplina; induce a una adecuación más humana y menos mecánica, entre la persona y su cuerpo.

La educación por el movimiento o expresión corporal, conlleva no sólo a la realización de sí mismo, sino que posibilita la proyección personal, en un mundo formado por cosas y seres humanos.[*]

Por estas razones, pretendemos recuperar el movimiento corporal, para la pedagogía y partiendo de los ejercicios de respiración, de expresión oral y corporal, que proponemos a continuación.

Podemos considerar , que la práctica de los ejercicios respiratorios, conllevan a mejorar este acto, en la medida en que se produce una

---

*. *LE BOULCH, Jean.* Hacia una ciencia del movimiento humano, *Buenos Aires, Editorial Paidos, 1a. edición, 1978, p.11.*

transformación cualitativa de la respiración, que tiene sus repercusiones positivas, en la salud, el estado de ánimo, el manejo de la voz y del cuerpo.

El círculo de la respiración

Objetivo: Adquirir una técnica de respiración, que se puede aplicar no sólo como preparación del actor (calentamiento, manejo de la voz y de la respiración, en los ejercicios de lectura interpretativa), sino para la vida en general, para la salud y control mental.

Realización: El maestro, se ubica espacialmente, en un lugar donde debe ser visto por todos los estudiantes, dándoles el frente. El ejercicio, se inicia de pies. Se toma el aire, lentamente, por la nariz; se envía al abdomen, inflándolo Se hace una pausa breve, reteniendo el aire y luego se expulsa lentamente. El aire, se debe oír al salir. Es importante relacionar los ejercicios, con imágenes; por ejemplo: en el caso de la respiración, imaginar que el abdomen, es una bomba que se infl y desinfla El acto de inspiración-espiración, se debe repetir diez veces, en cada una de las posiciones que siguen a continuación (Figs. 1, 2, 3 y 4). Obsérvese: que un nuevo ejercicio, es continuación del anterior.

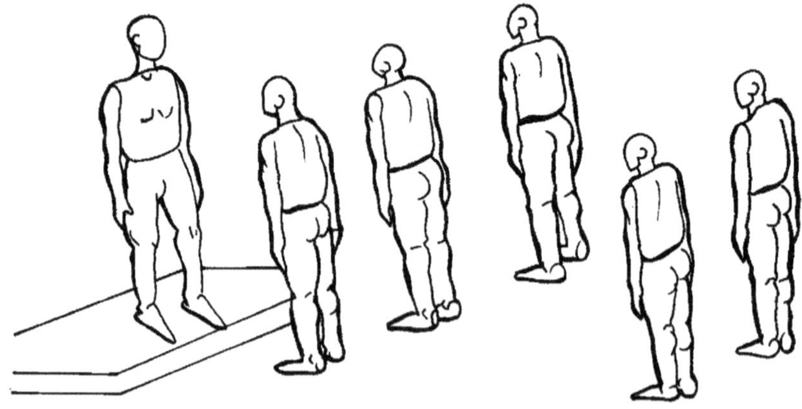

Fig. 1

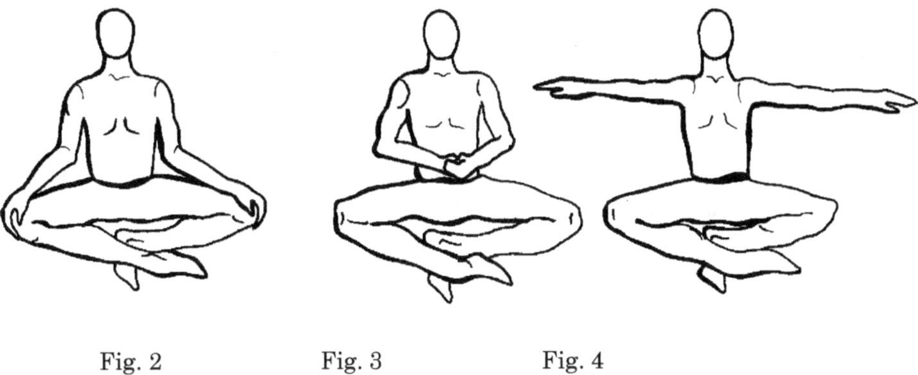

Fig. 2 Fig. 3 Fig. 4

Partiendo de esta posición (Fig. 4), incline la cabeza y trate de tocar el suelo con la frente. Puede colocar los brazos sobre el suelo; cuando la cabeza esté cerca del suelo, respire las diez veces señaladas (Fig. 5).

Enderece la columna vertebral; estire las piernas, júntelas; cruce los brazos y proceda a respirar las diez veces (Fig.6).

Mantenga recta la columna vertebral; abra las piernas, al máximo, en forma de V; toque el suelo, sosteniéndose con las manos, y proceda a respirar (Fig.7).

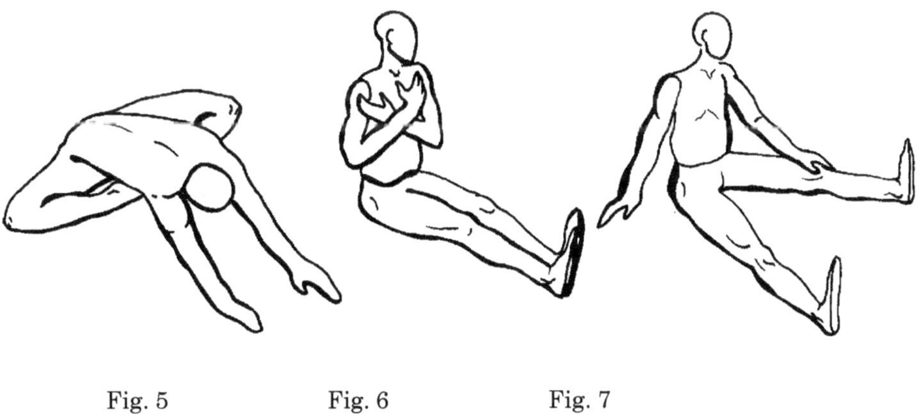

Fig. 5 Fig. 6 Fig. 7

Forme una V en cada brazo y en cada pierna; respire las diez veces (Fig. 8).

Acuéstese bocarriba, con las piernas estiradas. Doble la pierna derecha; con la rodilla, trate de tocar el suelo, mire a la izquierda y respire (Fig. 9).

Estire las piernas, doble la otra pierna, toque el suelo con la rodilla, mire a la derecha y respire (Fig. 10).

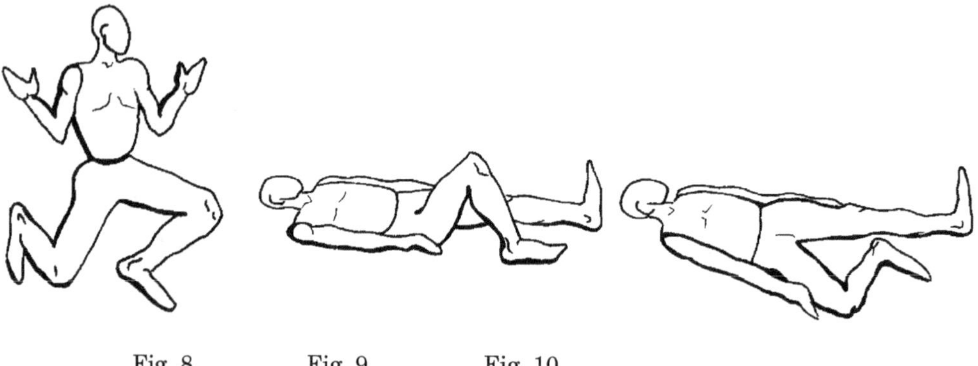

Fig. 8 Fig. 9 Fig. 10

Arrodíllese, siéntese sobre las piernas, doble el tronco; trate de tocar el suelo con la frente y respire (Fig. 11).

Coloque el pie derecho sobre el suelo, sin mover las otras partes del cuerpo y respire (Fig. 12).

Coloque el pie izquierdo, sin mover las otras partes del cuerpo, y respire (Fig. 13).

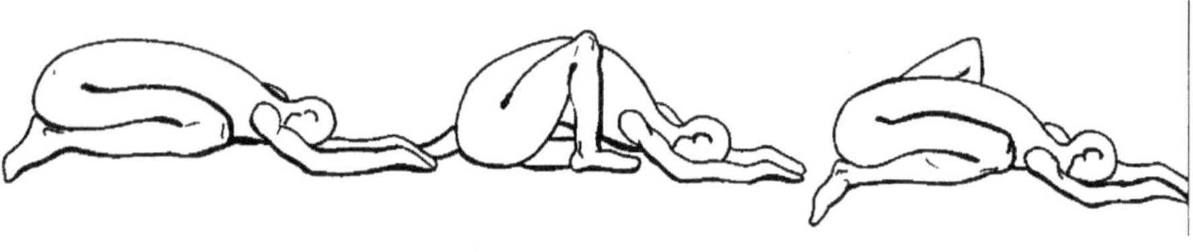

Fig. 11 Fig. 12 Fig. 13

Partiendo de esta posición, enderece las piernas, levante la columna vertebral, poco a poco (vértebra por vértebra), hasta que llegue al cuello; haga una pausa breve; enderece el cuello, la cabeza y respire (Fig. 14).

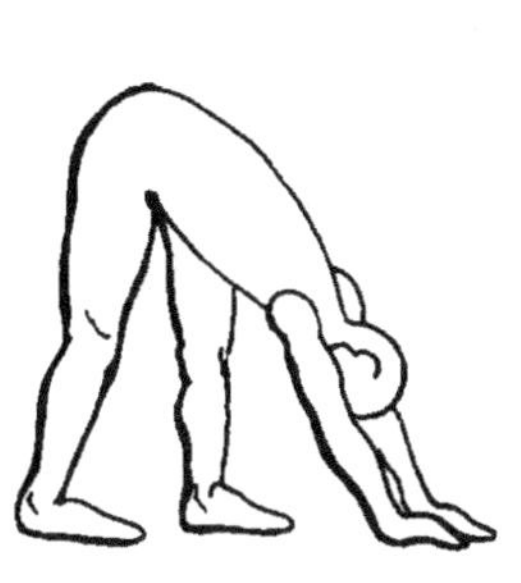
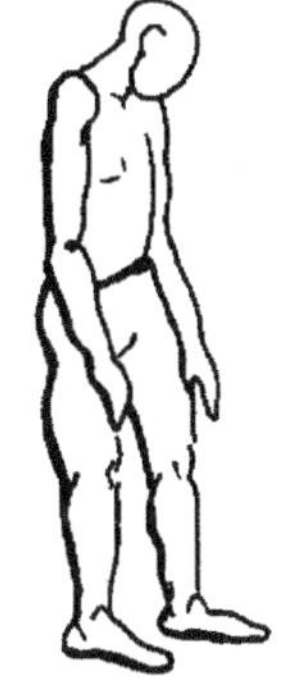
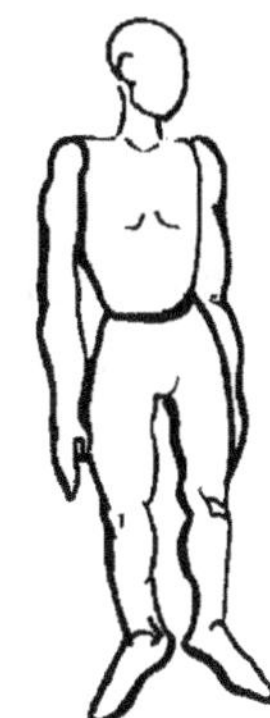

Fig. 14

El empleo de la voz

El empleo de la voz, es un estímulo para la respiración. Con la práctica de los ejercicios, el estudiante descubrirá exhalaciones más amplias, e inhalaciones más profundas, que llevan a una respiración cualitativa.

Objetivo: Presentar una técnica para que el alumno, maneje eficientement la voz en la actuación; mejore la vocalización en los ejercicios de lecturas interpretativas, declamaciones y encarnación de personajes.

El tarareo con labios cerrados

Los labios deben permanecer cerrados, durante este ejercicio. Las inhalaciones y exhalaciones, deben ser por la nariz. En el momento de la exhalación, se puede emitir el sonido m m m m, prolongando el sonido. Se pueden utilizar diversos tonos: graves, medios, agudos y jugar con esas tonalidades. Después de experimentar el sonido m m m m... se puede agregar una vocal: ma, me, mi... o dos: mua, mue, mui... Este ejercicio, se puede aprovechar, para buscar los resonadores del cuerpo; es decir, las partes corporales en las que resuena un sonido al emitirlo.

El tarareo vocalizado

El aire se toma por la nariz y se exhala tarareando. Se pueden "tararear" melodías conocidas y utilizar tonos: graves, medios y agudos: tralalala, tralalalalá, tralalala, tra lalalalá... trelelele, trelelelelé, trelelele, trelelelelé... trilili li, trilililililí, trilililí, trilililililí... trolololo, trolololoIó, trololo, trolololoIó... trulululu, trululululú, trulululu, trululululú... Con bra, bre, bri, bro, bru; con pra pre, pri... Con pla, ple, pli... Con tuain, tuein, tuiin....Con suain, etcétera.

El tarareo vocalizado y actuado

Los alumnos memorizan la primera estrofa de cualquier poema. El ejercicio consiste en vocalizar bien y declamar ante el auditorio, actuando como borracho, como loco, como político, con rabia, llorando, riendo, etcétera. Inicie el ejercicio, con la siguiente expresión: *pastorcita, perdió sus ovejas, y quién sabe por dónde andará; no llores pastora, que niña que llora, muy pronto veremos reír y cantar.*

Ejercicio de locución

Objetivo: Enfrentar con propiedad, la experiencia de ser locutor de radio, televisión y animador de programas culturales, con el fi de que los alumnos lleguen a ser los maestros de ceremonia o presentadores de los actos culturales que se realizan en los colegios.

Realización: Para todos los ejercicios, conviene un calentamiento previo del cuerpo y de la voz. Los ejercicios de locución, exigen una investigación y la escritura de un libreto. Cada alumno, pasará al frente y representará los siguientes personajes: pregonero, un animador de radio y televisión. He aquí algunos pregones, que pueden servir para iniciar el ejercicio: "sí llevo el plátano, la yuca, la calabaza, el tomate y el hígado"; "Tiempo, Siglo, Espectador, la República y el Nacional, con la tragedia"; "¡a ver, a ver!, compren las empanadas, con carne de marrano negro"; "cocada, cocada, con coco y anís"; "tiene huevo la maizada, la maizada, tiene huevo"; "alegría, alegría, alegría, con coco y anís; casera, cómpreme a mí". La animación de una verbena costeña, se puede iniciar así: "Se invita a todas las reinas, capitanas y princesas, de los barrios de Guacamayal, a un "morrocotudo" baile, organizado por la comitiva de la reina central: Carmen primera, en la caseta "La esquina caliente"... etc.

El ejercicio del jadeo

Objetivo. Escuchar al otro, comunicar sentimientos, integrar grupos y desarrollar habilidad en la expresión oral.

Realización: Pasa una pareja, se ubican espacialmente, dándose las espaldas. Uno de los dos, comunica sentimientos, utilizando sonidos, melodías, excepto palabras y el otro actor, responde a esos sentimientos, con sonidos, melodías, como si fuera una conversación. Los que proponen sentimientos, en el desarrollo del ejercicio, serán sustituídos por otros, hasta que pasen todos los alumnos (Fig. 15).

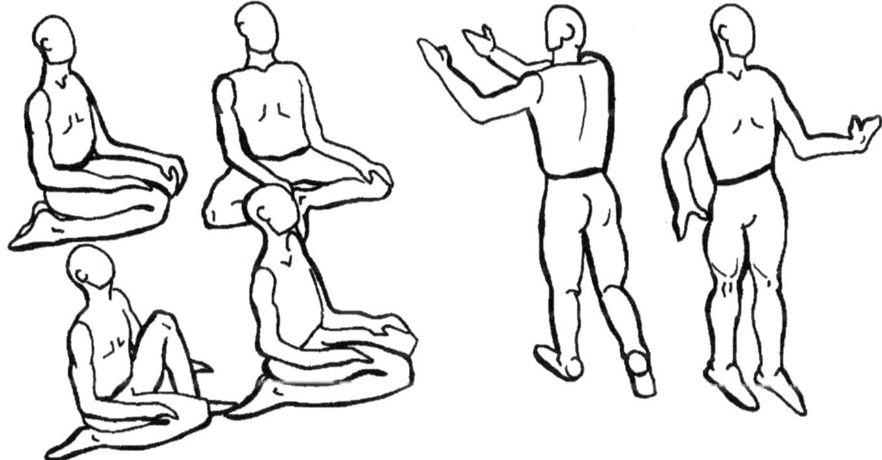

Fig. 15

La expresión corporal

La máxima expresión corporal de un niño, es cuando camina por primera vez. En esta imitación del adulto, el niño descubre su cuerpo, como totalidad; empieza el lenguaje de los gestos más significativos la mímica y la imitación. Con esta forma de ser y estar en el mundo, el niño se afirm como cuerpo pleno, capaz de relacionarse con todo lo que le rodea.

Calentamiento inicial

El orientador, se ubicará en un lugar visible; los alumnos, imitarán los movimientos que él propone.

Extienda los brazos rectamente; mueva sucesivamente los dedos, los puños, los brazos, antebrazos y los hombros. El movimiento, debe hacerlo en forma circular, hacia adentro y hacia afuera; primero, lento y después, rápido. Repita estos movimientos, diez veces; al final los brazos se extienden a lo largo del cuerpo (Figs. 16 y 17).

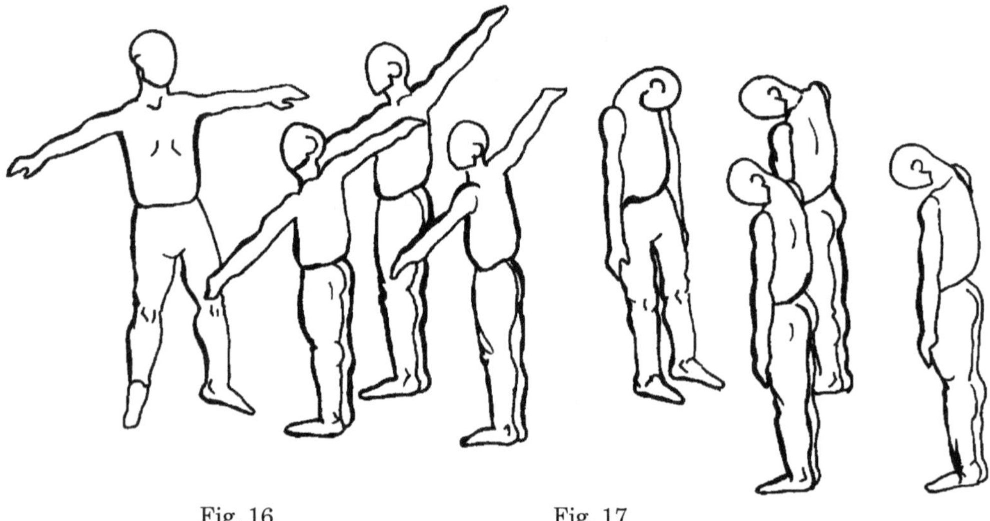

Fig. 16 Fig. 17

Conservando esta posición, gire diez veces el cuello; primero hacia el lado derecho y después, hacia el izquierdo; muévalo, hacia adelante y atrás, a un lado, al otro.

Mire al frente (recuerde que son movimientos sucesivos); sin mover la cabeza, mire arriba, abajo, al lado derecho, al otro lado; mueva los ojos, en forma circular; mueva la nariz, como si estuviera oliendo algo desagradable o agradable; bese el aire y abra la boca, como si fuera a tragar el mundo. Termine el ejercicio, haciendo muecas.

Brazos arriba, doble la columna vertebral hacia adelante, y trate de tocar el suelo con las manos; enderécela, échela hacia atrás, enderécela nuevamente; doble el tronco hacia el lado derecho, hacia el izquierdo, y enderécelo. Repita el ejercicio, diez veces (Fig. 18).

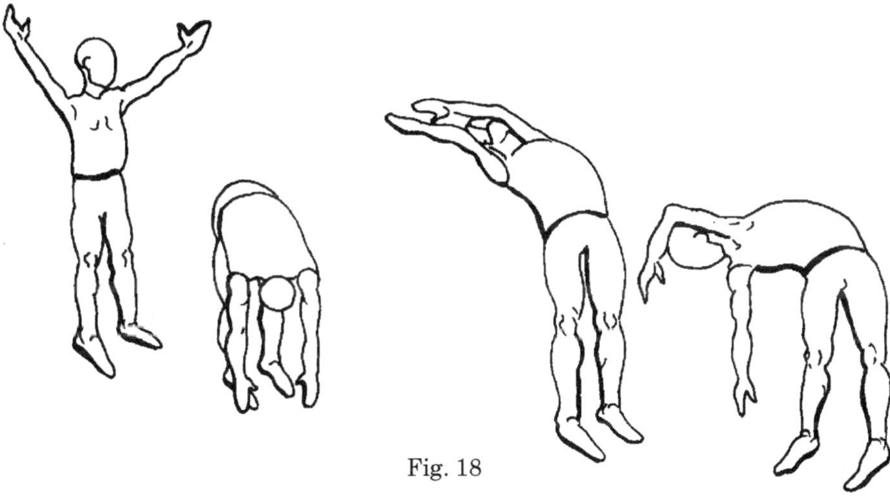

Fig. 18

Brazos a lo largo del cuerpo. Eleve la rodilla derecha y haga girar el pie hacia adentro y hacia afuera, diez veces; haga lo mismo con la otra pierna y repita el ejercicio (Fig. 19).

Haga el gesto de tomar las riendas de un caballo imaginario; corra en el mismo sitio, elevando al máximo las rodillas; imagine que está siendo perseguido y corra más rápido; descanse, brazos a lo largo del cuerpo, y normalice la respiración (Fig. 20).

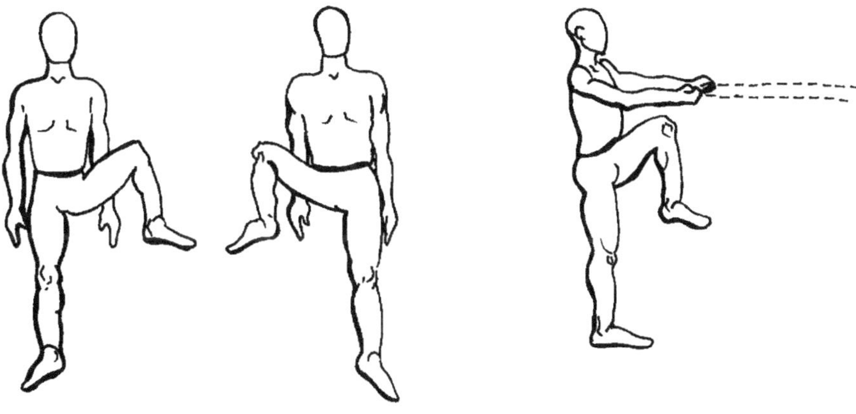

Fig. 19 Fig. 20

El círculo felino

Imagine que es un gato sobre la arena. Es importante que asocie cada movimiento a una imagen. Puede trabajar con música.

Acuéstese bocabajo, extienda los brazos a lo largo del cuerpo, bien rectos; coloque el lado derecho de la cara, sobre el suelo (Fig. 21) y después, la barbilla; encoja los pies, disponiéndolos para caminar (Fig. 22); acerque las manos al tronco, levante el tronco y los glúteos (Fig. 23); avance dos pasos, eche juntas las rodillas hacia el lado derecho e introduzca la cabeza por entre sus brazos y regrese; eche las rodillas hacia el otro lado; introduzca la cabeza por entre los brazos y regrese (Fig. 24); quede en posición de relax (Fig. 25), para el siguiente paso.

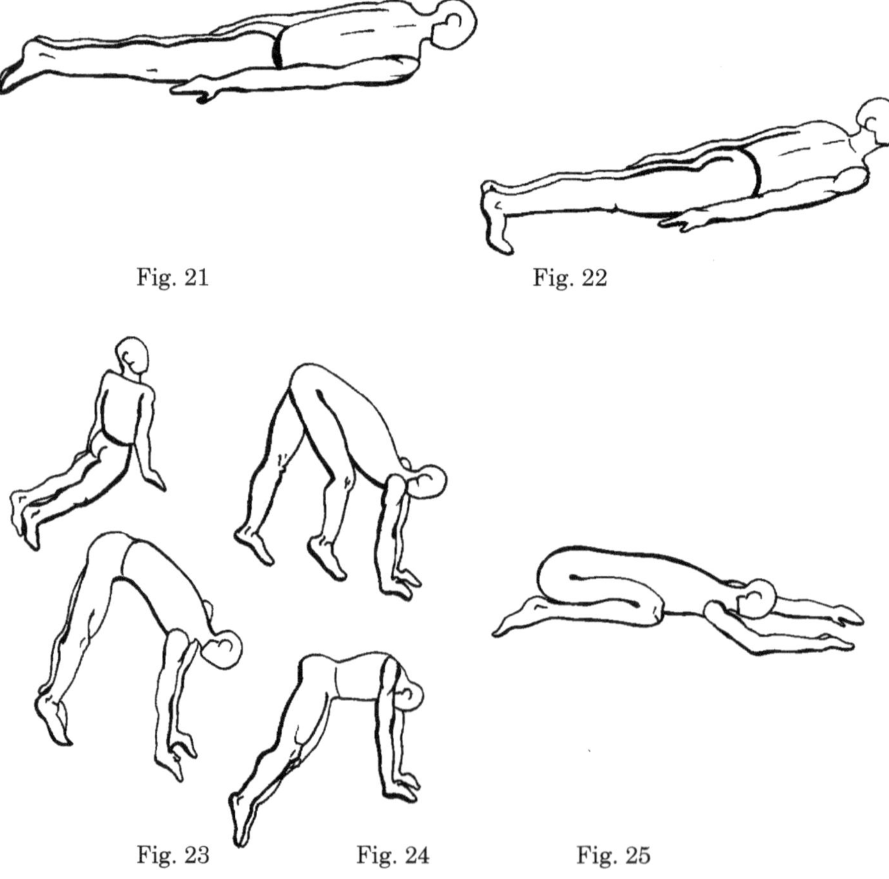

Fig. 21 Fig. 22

Fig. 23 Fig. 24 Fig. 25

Levante los glúteos (Fig. 26); estire una pierna hacia atrás y regrésela; estire la otra y regrésela (Fig. 27).

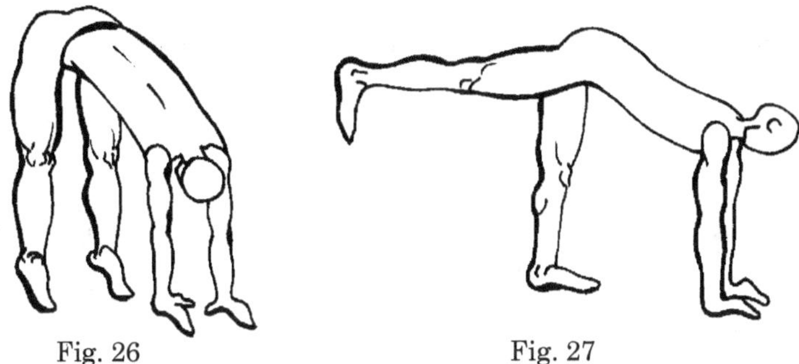

Fig. 26 Fig. 27

Mantenga los glúteos levantados (Fig. 28); coloque la nuca sobre el suelo (Fig. 29) y lentamente haga rollo adelante, de tal forma, que quede la columna vertebral tendida, rodillas juntas y dobladas, plantilla de los pies sobre el suelo (Fig. 30).

Haga el puente (Fig. 31); coloque la nuca sobre el suelo; también la columna vertebral, –vértebra por vértebra– lentamente, hasta llegar al suelo y estire las piernas (Fig. 32).

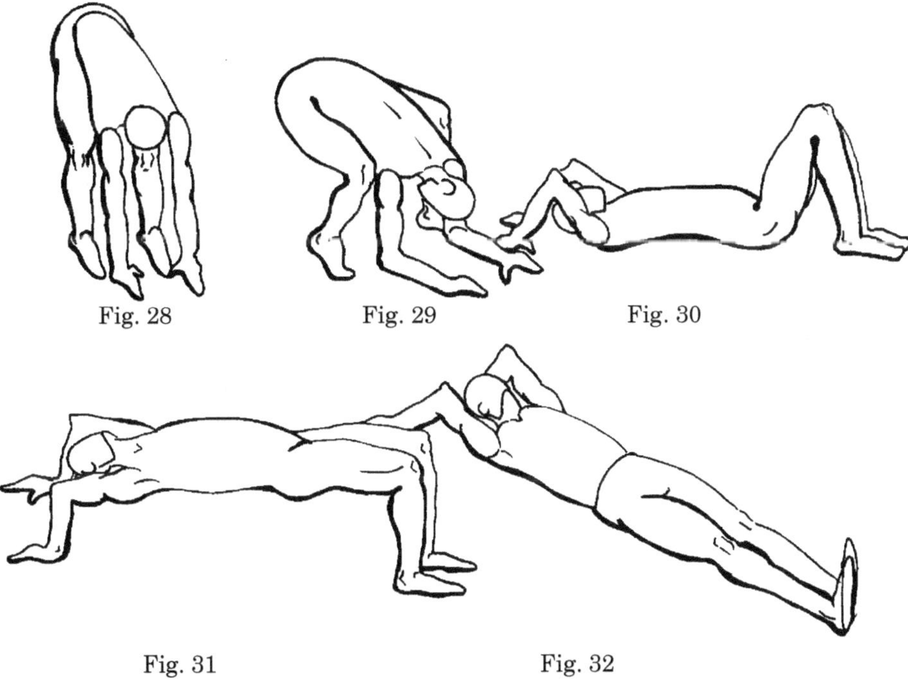

Fig. 28 Fig. 29 Fig. 30

Fig. 31 Fig. 32

Siéntese, abra las piernas, acerque las manos a los pies, rollo atrás y posición de relax (Fig. 33).

Arrodíllese, levante los brazos en actitud de adoración y haga el arco (Fig. 34).

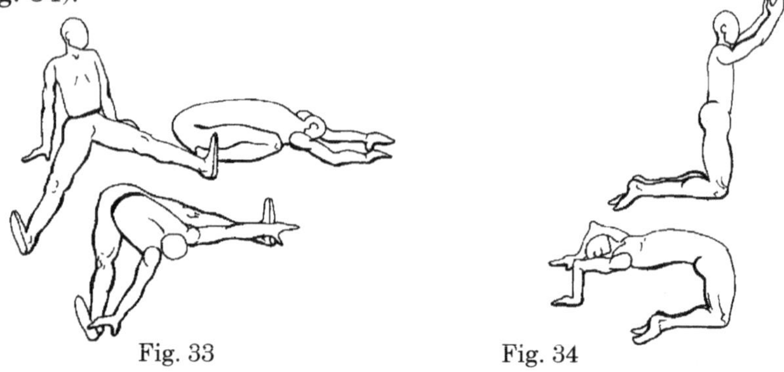

Fig. 33 Fig. 34

Retorne a la posición de rodillas y de ésta, a la posición de relax (Fig. 35).

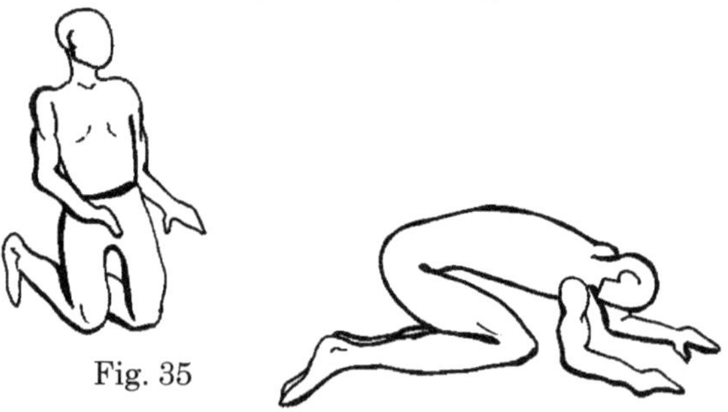

Fig. 35

Levante los glúteos, haga rollo adelante y atrás, haga figur de pescado, coloque el pecho sobre el suelo y termine en posición de relax (Fig. 36).

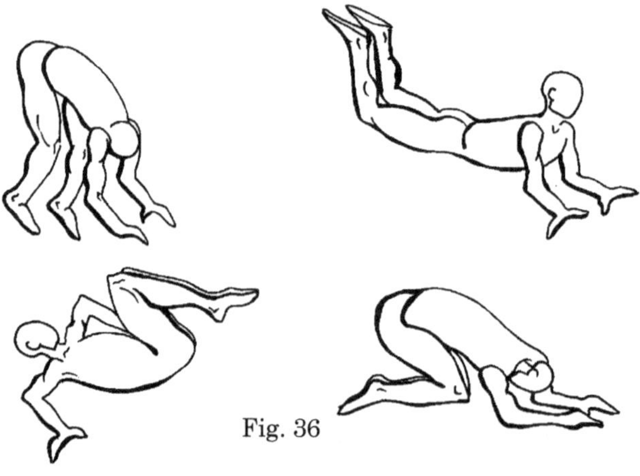

Fig. 36

Parada de cabeza: parta de la posición de relax; coloque la cabeza sobre el suelo, tómela con las manos, coloque los codos firme sobre el suelo; levante los glúteos, lleve los pies a ellos y párese de cabeza (Fig. 37).

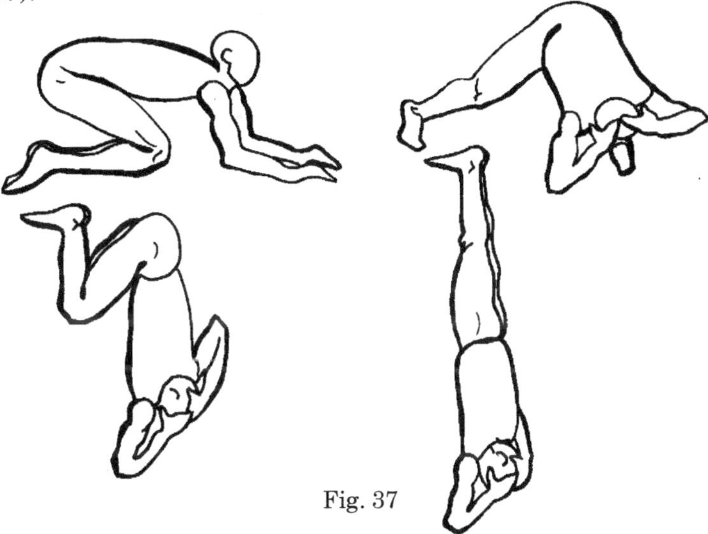

Fig. 37

Para regresar, deje los glúteos levantados, las piernas rectas, los pies tocando el suelo y después, lleve el cuerpo a la posición de relax, permanezca en el suelo, unos instantes, sin desprender la cabeza del suelo, (Fig. 38).

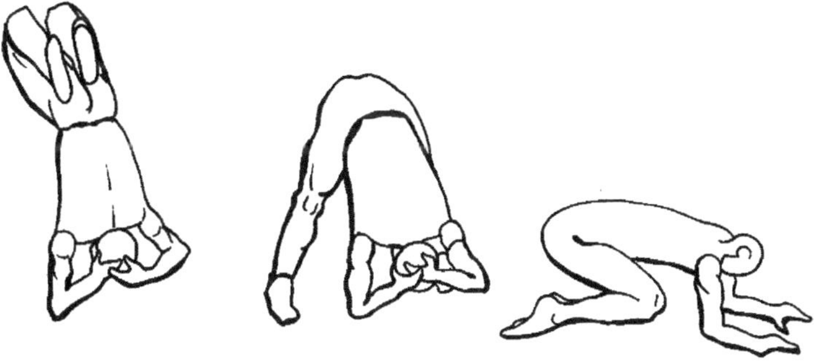

Fig. 38

Siga la secuencia de la parada de cabeza; pero en vez de pararse de cabeza, párese de hombros; primero, sobre el hombro derecho y después sobre el hombro izquierdo; quede en posición de relax (Fig. 39).

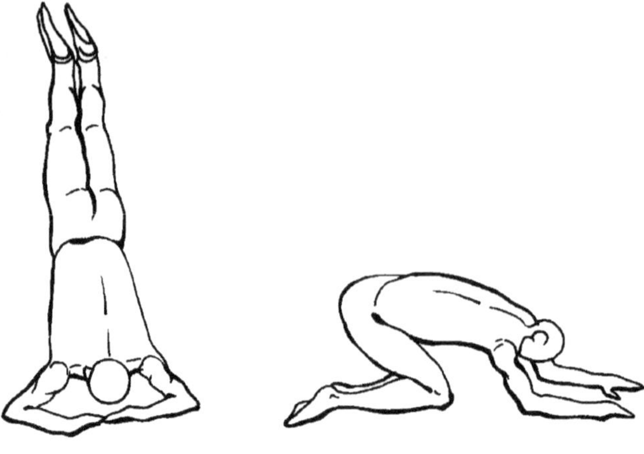

Fig. 39

Coloque el pie derecho sobre el suelo, sin mover las otras partes del cuerpo; coloque el pie izquierdo; enderece, primero las piernas, después la columna vertebral, –vértebra por vértebra–, también el cuello, la cabeza; haga arco atrás, toque el suelo con las manos (Fig. 40) y permanezca en esta posición un instante.

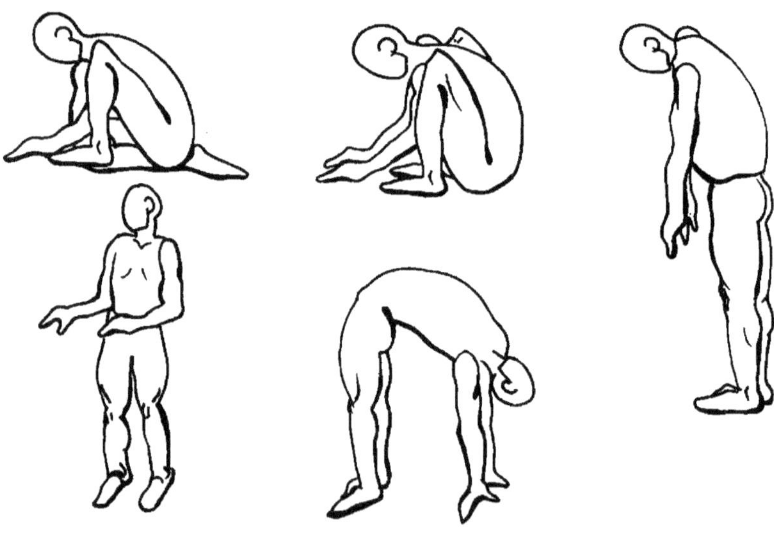

Fig. 40

Coloque la nuca sobre el suelo, la columna vertebral, –vértebra por vértebra– los glúteos y estire las piernas (Fig. 41).

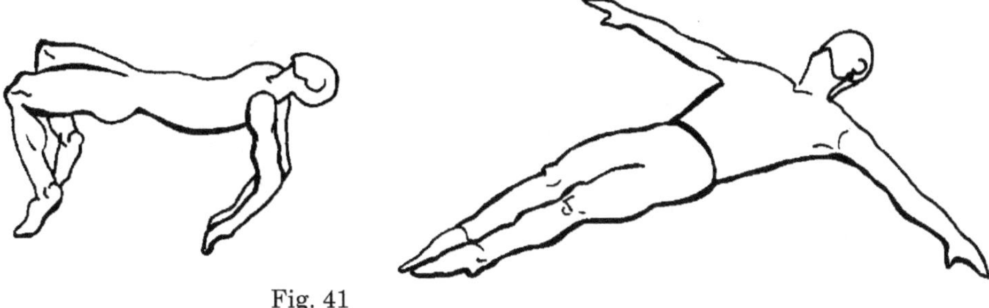

Fig. 41

Siéntese; con las manos toque los pies, haga rollo atrás y quede en posición de relax (Fig. 42).

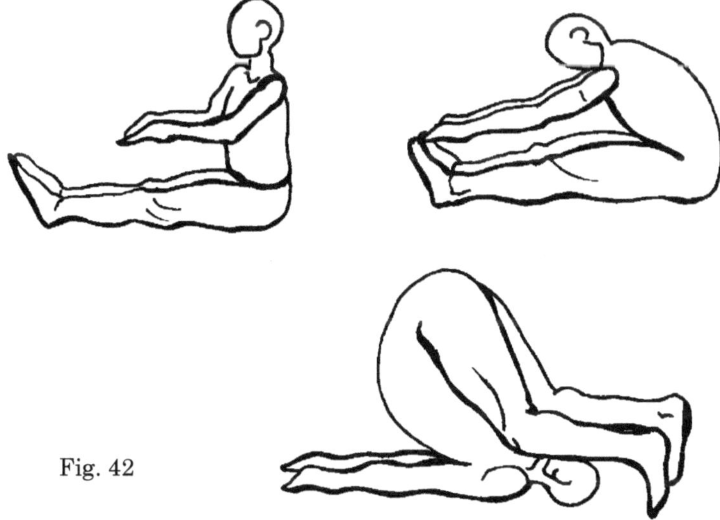

Fig. 42

Coloque el pie derecho sobre el suelo, el pie izquierdo; enderece las piernas, la columna vertebral, el cuello, la cabeza (Fig. 43). Fin del círculo felino.

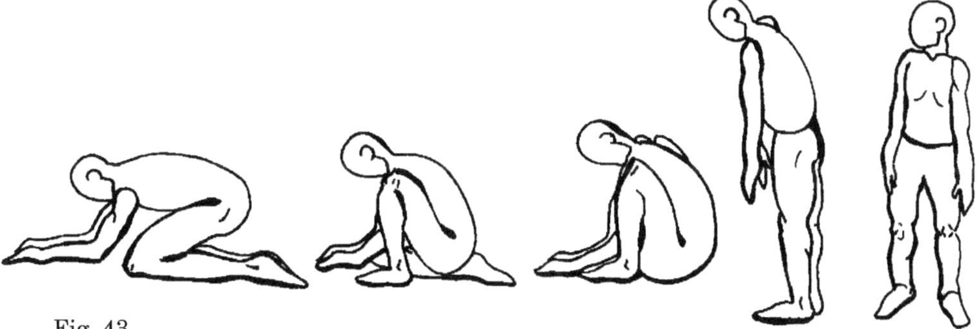

Fig. 43

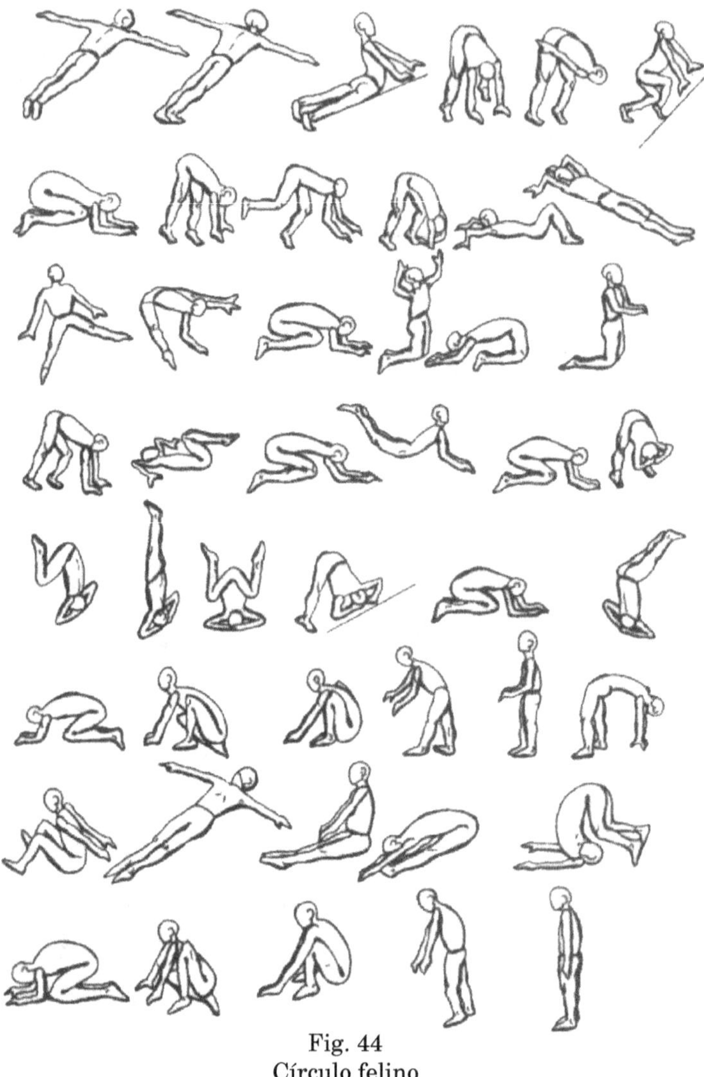

Fig. 44
Círculo felino

El coro y el corifeo

El corifeo, es el jefe del coro, en el drama trágico de la antigüedad clásica.

Objetivo: Adquirir sentido de ubicación espacial, coordinación e imaginación, para crear propuestas relacionadas con el movimiento, el ritmo y la melodía.

Realización: El maestro, o bien un alumno, pasa al frente; hace una propuesta de expresión corporal, que integre voz, ritmo y movimiento. Los demás alumnos, imitarán al corifeo, en todas sus expresiones. El corifeo, cuando termine su propuesta, elegirá a otro alumno, para que lo sustituya. Todos los alumnos, pasarán al frente del auditorio, para desempeñar el papel de corifeo (Fig. 45).

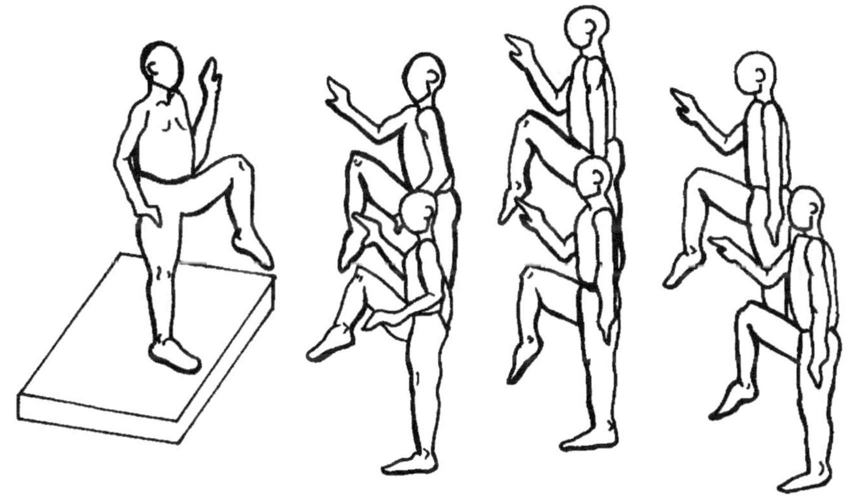

Fig. 45

Juego con imágenes

Objetivo: Relacionar el movimiento corporal con una imagen, para estimular la sensibilidad y creatividad en el trabajo actoral.

La imagen de la pluma

Con los ojos abiertos, imagine una pluma sobre la mano; sóplela, se la lleva el viento; búsquela, alcáncela y vuelva a soplarla. El ejercicio, se realiza con todos los alumnos, al mismo tiempo. Se puede crear una historia, con el elemento pluma imaginaria (Fig. 46).

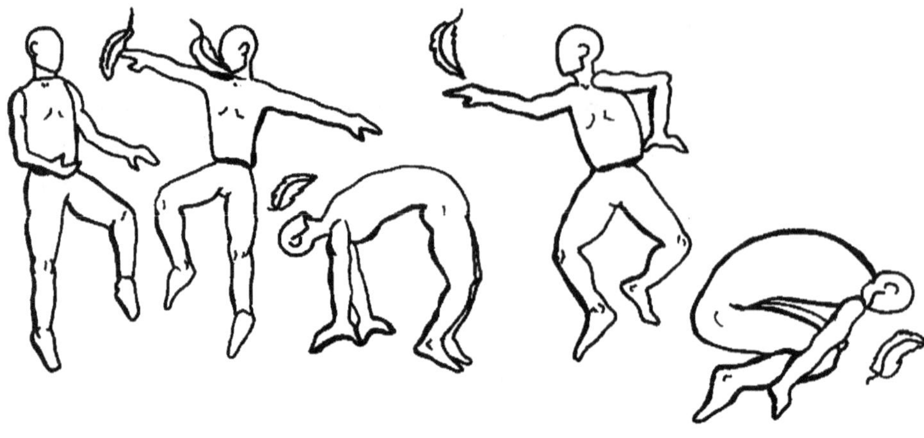

Fig. 46

La imagen de la vela

Cierre los ojos, imagine que lleva una vela encendida, luche por no dejarla apagar; desplácela por un pasillo oscuro, por donde sopla un viento fuerte, que termina convirtiéndose en una tempestad (Fig. 47).

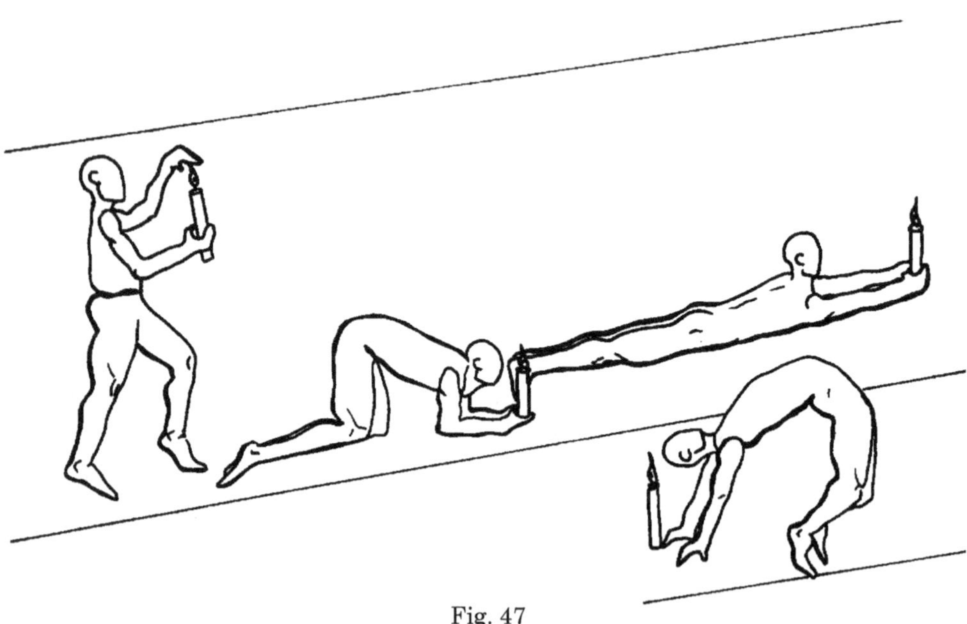

Fig. 47

La imagen del árbol

Parta de la posición relax, imagine que usted es una semilla debajo de la tierra. En sus movimientos, reflej que la semilla se transforma en raíz, tallo, ramas, un árbol frondoso; imagine una brisa fuerte, que lo estremece; al fina de los diez o quince minutos en ejercicio, imagine que el árbol se marchita, muere y cae. El ejercicio, termina en posición de relax. Los movimientos, pueden ser lentos o rápidos, al son de una música (Fig. 48).

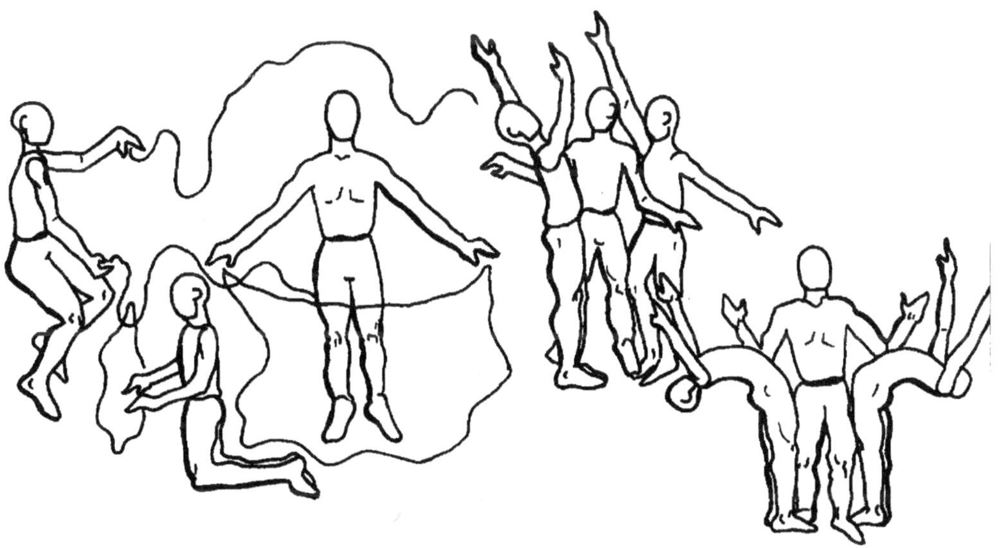

Fig. 48

La imagen de la sábana

Tome una sábana imaginaria, con la yema de los dedos, bátala, ondúlela, arrópese con ella; arrope a los demás y juegue con ella, desplazándose por el salón. Vea la sábana; distinga su tamaño, su calor y su calidad (Fig. 49).

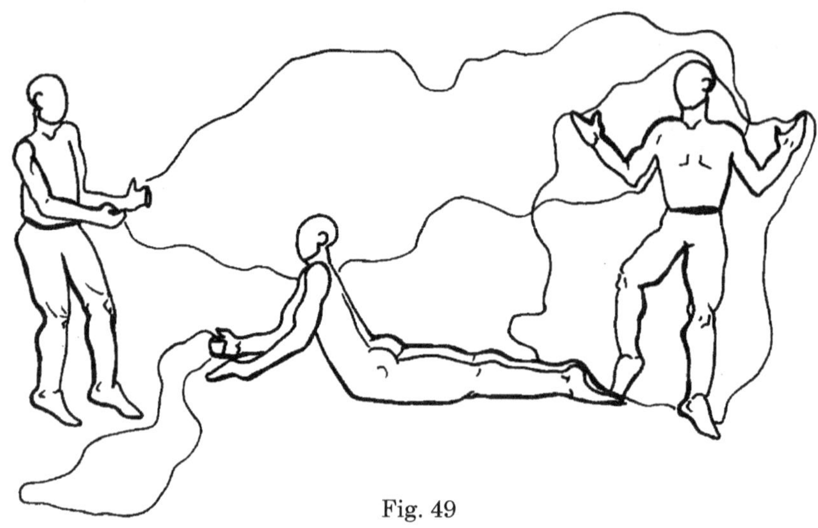

Fig. 49

Furia de titanes

Pase una pareja –los demás observan–, párense frente a frente y respiren profundamente; sientan que son dioses de la mitología griega y sientan una furia progresiva, que hace temblar el cuerpo, lentamente; aproximen sus manos al enemigo, sin tocarlo; de la yema de los dedos, salen rayos fulminantes. Se genera un combate, que tiene por objeto vencer al contrincante. No se deben racionalizar los movimientos; que fluya espontáneamente. El que se siente vencido, caerá primero; habrá un cese en sus movimientos, pero mágicamente recuperará sus fuerzas y continuará la lucha, unos diez o quince minutos (Fig. 50).

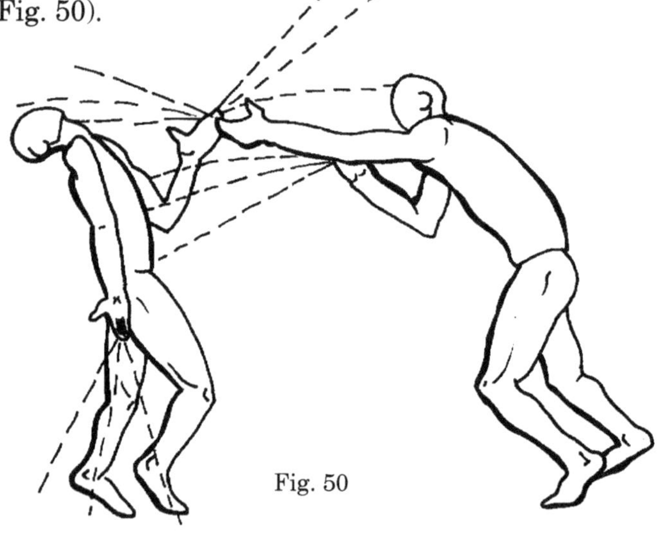

Fig. 50

El círculo de la plastilina

Tome en sus manos pasta maleable e imaginaria; trate de deshacerse de ella, pero es imposible; por el contrario, se pega más fuerte y se riega por todo el cuerpo. Intente quitársela con las manos, que participe la cabeza, el tronco y las extremidades. Proceda de pie, arrodillado, sentado y combine todos los posibles movimientos. El ejercicio, se realiza grupalmente (Fig. 51).

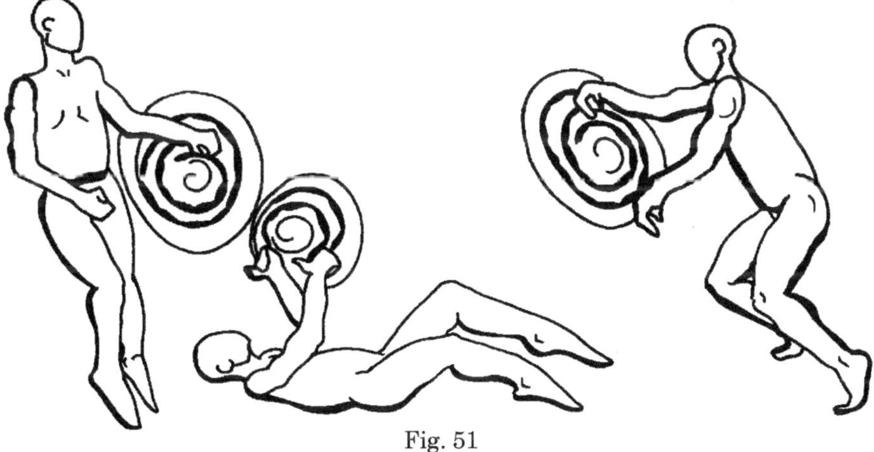

Fig. 51

Tensión y distensión

Formen un círculo; caminen lentamente, más rápido; corran y vuelvan a caminar lento. Hagan temblar los labios, expulsando el aire por entre ellos. Repitan el ejercicio, algunas veces. Normalicen la respiración. Uno del grupo, dé una palmada y deténganse; tensionen el cuerpo al máximo, elevando los brazos, como si fueran a tocar el techo y distensionen. Repitan el ejercicio, algunas veces. La experiencia de tensión y distensión, se puede realizar acostados. También se puede tensionar parte por parte del cuerpo y distensionar al ir caminando en círculo.

Desplazamiento e interacción

Colóquense en los extremos, formando líneas rectas y paralelas; frente a frente, los dos grupos, respiren profundo y desplácense lentamente al otro extremo. Cada uno debe crear una historia, como motivación y debe utilizar la expresión corporal, para comunicarse con los demás. El ejercicio, termina cuando regrese al punto de partida (Fig. 52).

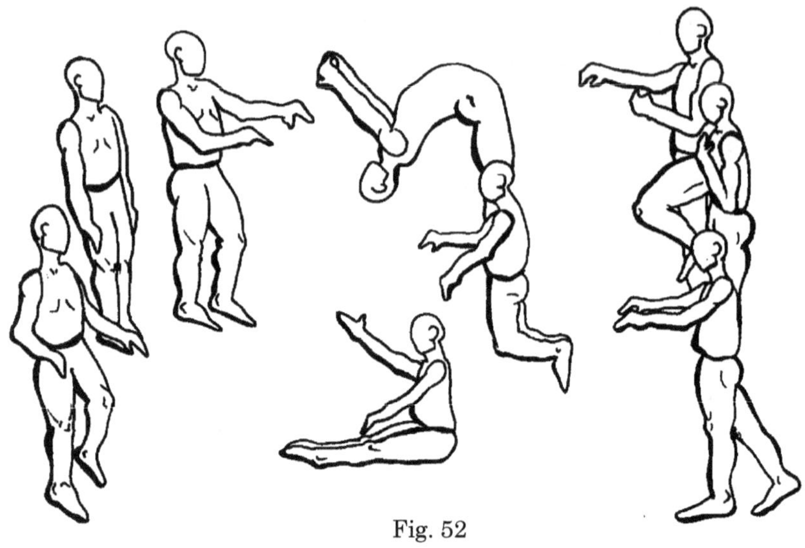

Fig. 52

Formen dos grupos, cada uno se ubica en esquinas extremas; desplácense por la diagonal, al otro extremo; regresen al punto de partida y finalice la experiencia (Fig. 53).

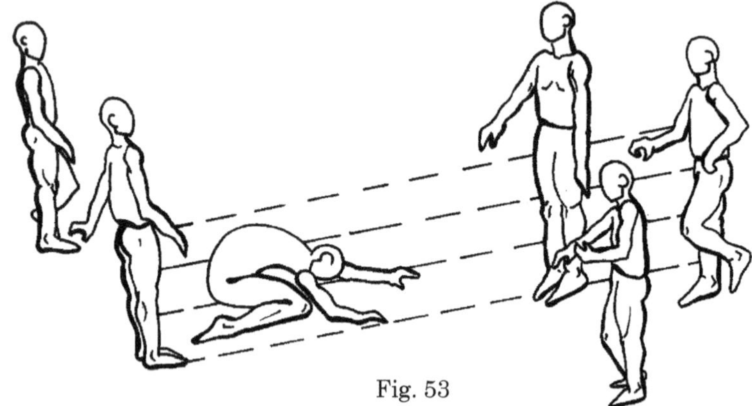

Fig. 53

Juego de maniquíes

Imite un maniquí, configur los dedos, los brazos, la cabeza, el tronco; las piernes rectas al caminar. Cuando el maestro aplauda, los muñecos caminarán y harán movimientos fragmentados, con las partes del cuerpo; otro aplauso los congelará (Fig. 54);´ caminarán y se congelerán varias veces.

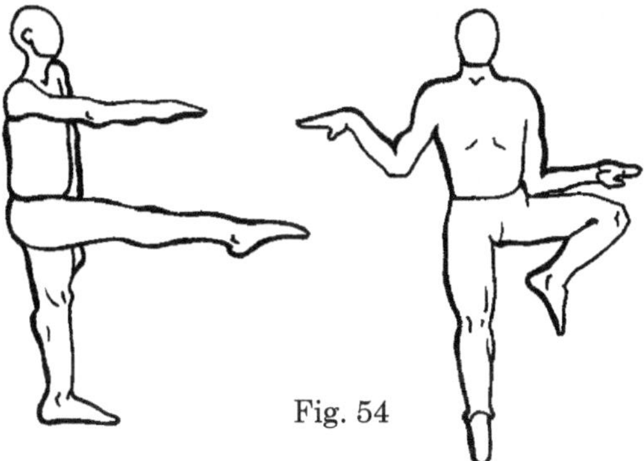

Fig. 54

El director ordena los maniquíes en el mostrador y se va. Los muñecos, aprovechan la libertad, para divertirse, cantar, bailar, etcétera. Cuando regresa el maestro, vuelven a sus puestos. El director, los puede regañar y castigar.

Juego de animales

Cada alumno, simultáneamente, proponga un animal; imite sus movimientos, sonidos y desplácese por el espacio. También el director, puede proponer los siguientes animales: araña, mono, oso, canguro y hacerlos bailar, cantar, pelear, comer, etcétera (Fig. 55).

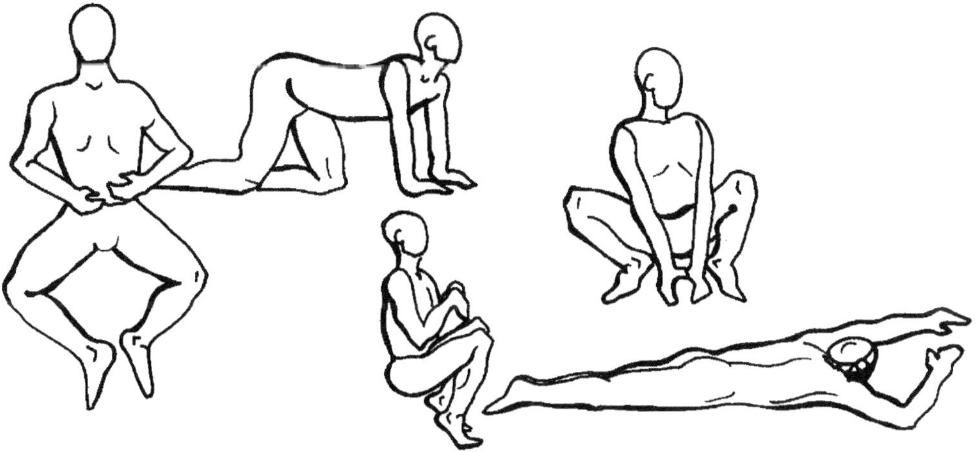

Fig. 55

Expresiones

Improvise un teatrino; invente una historia y comuníquela sólo con las manos. Todos los alumnos, deben pasar. Vuelva a crear historias y cuéntelas con los brazos, los pies, las piernas, la cara y para fin - lizar, cuente otra historia, con el cuerpo total, sin utilizar palabras (Fig. 56).

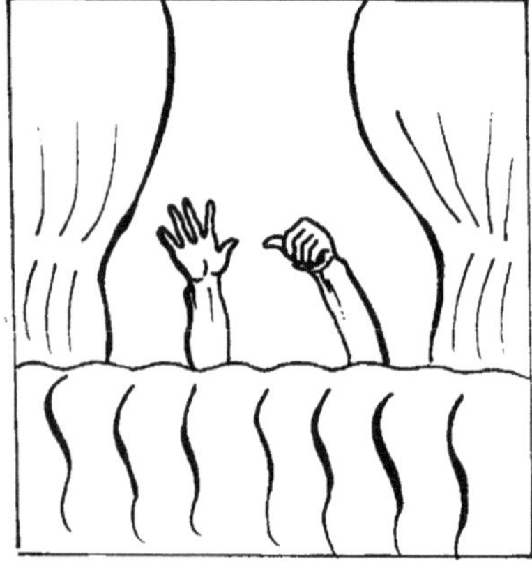

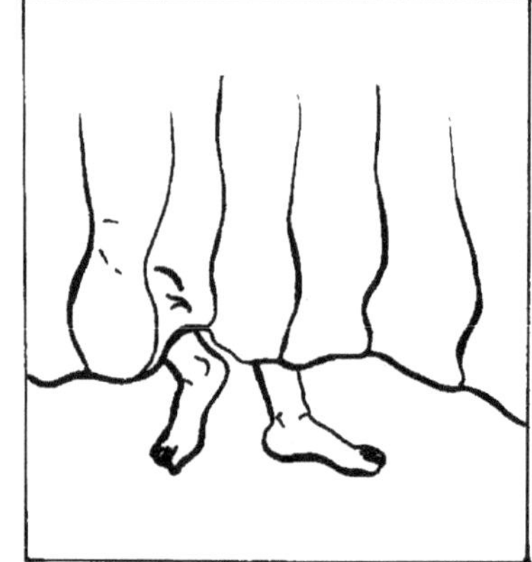

Fig. 56

El espejo

Organice dos fila paralelas, en parejas, frente a frente. La fil uno, se mira en el espejo; la fil dos, hace de espejo e imita todos los movimientos que el compañero propone y luego, se cambian los papeles; la fil uno, hará de espejo (Fig. 57).

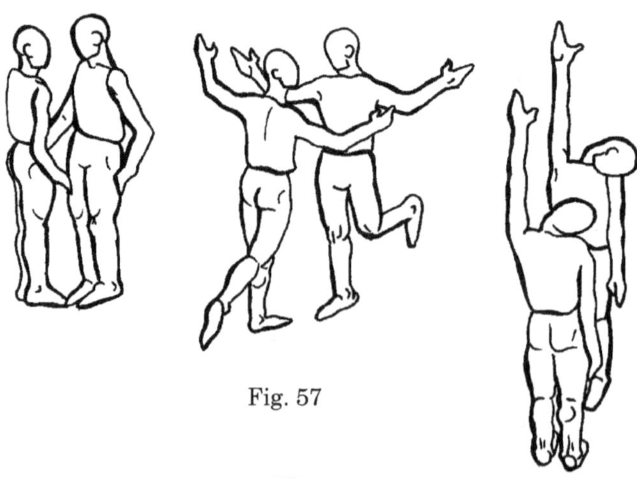

Fig. 57

Teseo y Ariadna

Un alumno, hace de Ariadna y otro, de Teseo. Ariadna, lleva afuera del salón, a Teseo y le coloca una venda en los ojos. Al salón, sólo regresa Ariadna y organiza a los alumnos en grupos pequeños, para que funcionen como máquinas en un laberinto, –esto no lo puede saber Teseo–. Las máquinas, pueden ser: del amor, del odio, de la violencia, máquina pellizcadora, embotelladora, etcétera. Ariadna entra a Teseo, para que encuentre la salida, pero las máquinas le obstaculizan el camino. Cuando Teseo esté desesperado, puede llamar a Ariadna, quien inmediatamente le dará auxilio.

Los mendigos y los aristocráticos

Organicen dos grupos, de igual número de alumnos; en un extremo, estarán los mendigos, en el suelo y en el otro, los aristocráticos, celebrando un banquete. Los mendigos, deben arrastrarse, hasta llegar a la mesa de los aristocráticos, con mucha hambre y comen. Los aristocráticos, aterrorizados, rechazan a los mendigos; luego, invierten los papeles.

Técnica del relax

La técnica de relax, tiene como objetivo, liberar tensiones físicas y mentales, porque el ser del actor, es una totalidad, integrada física y mentalmente.

Estos ejercicios, deben ser cotidianos; traen beneficios no sólo para la actuación, sino para el aprendizaje y la salud.

Se conocen tres tipos de relax: muscular, interno y mental. Después de los ejercicios físicos, hágalos. También, trabajaremos con la imagen de la esfera, porque las formas geométricas, tienen acciones energéticas sobre los seres vivos.

Hay imágenes, que producen tensiones y distensiones; por ejemplo: el cuadrado tensiona, implica encierro (un ascensor); el triángulo, trifurca la vista. La esfera, es la figur perfecta; nos hace mirar hacia el centro, por ende, vamos a utilizarla en los ejercicios.

Relax muscular

Primera vía: Parietal, frontal, ojos, pómulos, nariz y mejillas, labios, maxilar inferior, barbilla, cuello, hombros, brazos, codos, antebrazos, muñecas, palmas, dedos.

Segunda vía: Parietal, frontal, ojos, pómulos, nariz, mejillas, labios, maxilar inferior, cuello, pectorales, diafragma, abdomen, pelvis, genitales.

Tercera vía: Parietal, temporal, occipital, nuca, cervical, dorsal, lumbar, cóccix, glúteos, muslos, rodillas, piernas, tobillos, empeine, plantilla de los pies, dedos.

Relax interno: Ojos, garganta (pasar saliva), pulmones (respirar profundamente por la nariz), intestino (respirar por la boca, contrayendo los intestinos), genitales (contrayendo los órganos genitales).

Relax mental: Imaginar que el cerebro, se recoge al máximo y se suelta fuertemente; hágalo varias veces.

Realización: Puede realizarse sentado o acostado boca arriba; brazos a lo largo del cuerpo, lo más cómodo posible y con los ojos cerrados. Uno del grupo, toma la palabra y enuncia sucesivamente cada una de las partes que se mencionan en la teoría sobre el relax muscular, interno y mental; al mencionar cada parte, se debe pensar que cada una de ellas, se distensiona. Este relax, continúa con la imagen de la esfera y la historia del "mito de la caverna" o la "alegoría de la carroza", o bien una historia inventada.

El mito de la caverna

Con los ojos cerrados, haga los tres tipos de relax: muscular, interno, mental y continúe con la imagen de la esfera. En lo alto del firmame - to, imagine una esfera pequeña, cristalina, transparente. La esfera luminosa, desciende lentamente y se dirige a sus ojos; atraviesa y se ubica en el centro de la cabeza; la esfera, es una energía que ha llegado a su cuerpo y sigue descendiendo, pasa por el cuello y se coloca en el centro del corazón. La pequeña esfera, se transforma en un líquido espeso, sale afuera y se convierte en una esfera mucho más grande que su cuerpo. Usted permanezca dentro de ella, detecte cómo es la esfera, perciba su luminosidad y mire a su alrededor, a través de ella. Ahora la esfera, se transforma en una caverna inmensa; al fondo hay una pared, en frente de la cual está usted encadenado, junto con sus compañeros y nadie puede mirar atrás, donde se encuentra la puerta de entrada al antro, porque sus cuerpos están rígidos. A sus espaldas, cerca de la puerta de entrada, hay un muro, de la altura normal de un ser humano, a lo largo del cual, pasan los hombres, portadores de instrumentos, cosas, vegetales, animales. Dentro de la caverna y detrás del muro, existe una hoguera; su luz hace que los instrumentos, cosas, vegetales y hombres, se proyecten confusamente sobre la pared del fondo. Así que, los prisioneros, lo único que pueden contemplar, son las sombras, escuchar las voces, sonidos, ruidos y ecos. Usted, en esta situación, decida desencadenarse, e ir en busca de la verdad. Salte el muro, sorpréndase al ver las cosas, de las que fueron copiadas las sombras, que usted percibía al fondo de la caverna. En un primer momento, cree que este mundo y la hoguera, son la realidad, pero rápidamente entra en la sospecha que estas cosas, son un engaño y que ha sido doblemente engañado; por eso su alma, lo empuja afuera de la caverna, mucho más allá del mundo sensible y pronto llega al mundo de lo verdadero, donde resplandece el sol del bien. En el mundo verdadero, el alma contempla los modelos de los que fueron mal copiadas las cosas del mundo. Salga de esa contemplación y retorne a la cueva; intente salvar a sus compañeros, hábleles, dígales la verdad; pero estos lo matan. Experimente la muerte, por un instante y resucite. Al resucitar, se encuentra nuevamente dentro de la esfera; ésta se convierte en un líquido, esparcido dentro de su cuerpo y éste, en una pequeña esfera, dentro del corazón; la esferita, sube, se ubica dentro de la cabeza, atraviesa los ojos y asciende hasta desaparecer. Al finaliza el ejercicio, extienda los brazos, estreche la mano de sus vecinos y abra los ojos, mirando su alrededor.

La alegoría de la carroza

Haga el relax: muscular, interno, mental y la historia de la esfera. Cuando usted está dentro de la esfera, imagine que ella se eleva muy alto y se convierte en una carroza, guiada por dos caballos -uno, de buena raza, que representa la virtud y el otro, de mala raza, que representa el vicio- y conducida por un cochero hacia las alturas. Hay muchas carrozas en el cielo, véalas, van a una fiesta En las carrozas, distinga los dioses de la mitología griega: Zeus, Apolo, Dionisos, Afrodita; se ven muy alegres, cantando y bailando. Elévese, y baile con ellos, dígale palabras amorosas a Afrodita. Se divisa una bóveda celestial; los dioses, la pueden subir con facilidad, pero usted tiene muchas dificultades porque el caballo de mala raza, se lo impide; éste, se mueve bruscamente, por eso usted es lanzado al abismo y cae en la tierra, encarnando en su propio cuerpo. Cerca de usted, está la esfera; métase dentro de ella y sienta tranquilidad.[4] Finalice el ejercicio, de la misma forma como terminó la experiencia anterior.

Composición y colorido de la escenografía

Composición

En la composición de la escenografía, debemos tener en cuenta, los siguientes aspectos: género, acción interna y externa, tiempo ritmo, el número de los personajes, la atmósfera del espectáculo, las leyes y las clases de composición.

- *El género,* es una composición literaria, que tiene varias expresiones. En el género dramático, encontramos: la *comedia,* la *tragedia,* el *drama épico.* Para componer una escenografía, se debe tener el conocimiento pleno del género al que pertenece la obra teatral.

- *La acción interna y externa,* están relacionadas con la forma y el contenido de la obra. *Las acciones externas,* generalmente, son esenciales para una comedia musical, como la opereta; el espacio escénico, debe estar vacío. *Las acciones internas,* son fundamentales en las obras de tipo sicológico, como las *tragedias.*

- El tiempo ritmo, es el desarrollo de las acciones que componen la obra y la duración del movimiento de los tiempos ritmos que se interrelacionan en la composición escénica. En los diferentes géneros dramáticos, hay numerosos tiempos-ritmos. Si el drama es de tipo psicológico, el tiempo-ritmo es más interno que externo, las situaciones son más tensas, como en las tragedias. Un tiempo-ritmo externo o alto, necesita espacios vacíos, para que la acción se desarrolle libremente.

- *El número de los personajes,* se debe tener bien preciso, para hacer una buena composición. Un actor puede representar varios personajes.

- *La atmósfera del espectáculo,* tiene que ver con el ambiente, es decir, los recursos escenográfico y la música, que se utilizan para enriquecer la obra teatral.

- *Las leyes;* primero, no se deben dar todos los elementos de una vez, es necesario que la imaginación fluy libremente; segundo, la escenografía debe ayudar al actor, para que revele sus sentimientos.

- *Clases de composición:* La planeación rectangular no profunda (PRNP), está ubicada paralelamente a las candilejas (línea de luces en el proscenio del teatro) y todos los puntos de apoyo o lugar de acción, están en un solo plano (tercer plano). Esta planeación se utiliza para obras con pocas personas y menos complicaciones en los movimientos, para traslados de izquierda a derecha o viceversa (Fig.58).

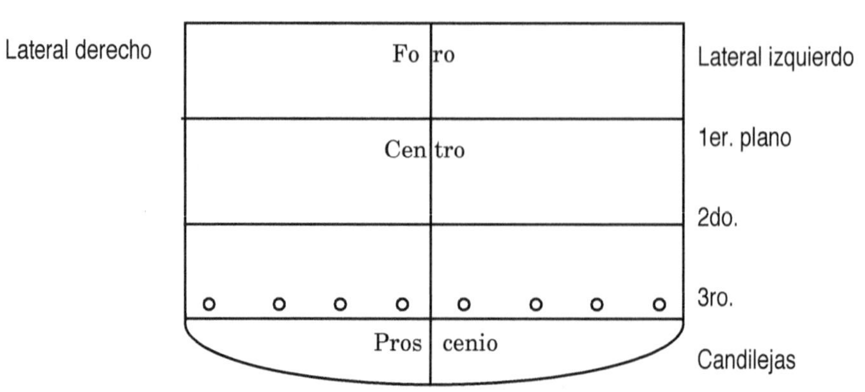

Fig. 58

La Planeación Rectangular Profunda (PRP): Se encuentran los puntos de apoyo; o sea, que las acciones se pueden desarrollar en todos los planos. En esta composición, pueden intervenir un número mayor de personajes y las acciones pueden ser más complicadas.

La Planeación por las Diagonales del Escenario (PPLD): Es la forma mas completa de la composición; permite la solución espacial de muchas tareas escénicas. Sirve para la puesta en escena de obras muy dinámicas. Con esta planeación, se logra una mejor relación entre los personajes y facilita el movimiento de los actores (Fig. 59).

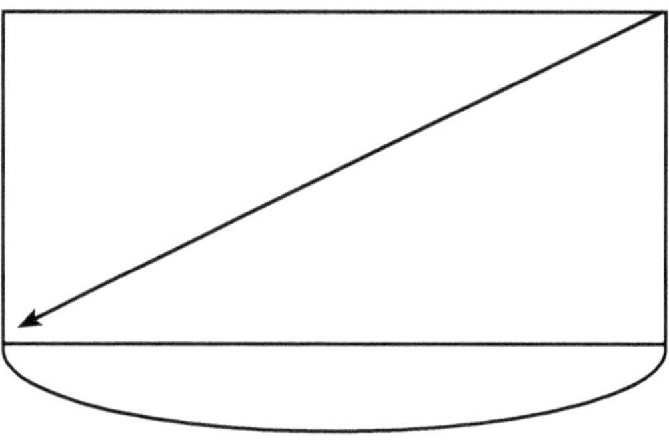

Fig. 59

La Composición Vertical (CV): Se utiliza en las obras donde se muestran los hechos y las acciones de suma importancia: luchas, contradicciones a nivel moral. Se pueden utilizar niveles altos, para lograr la composición de imágenes escultóricas (Fig. 60).

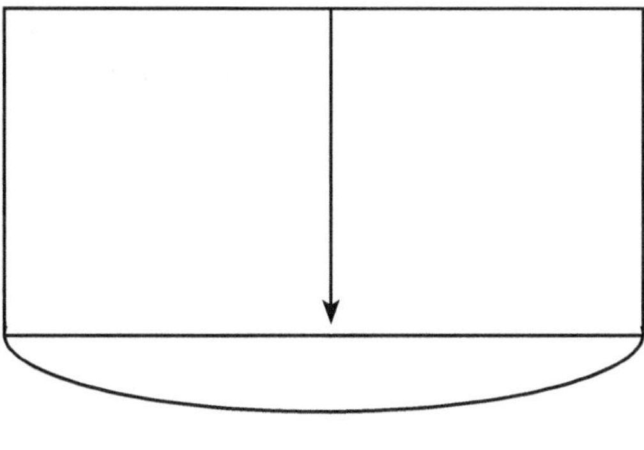

Fig. 60

Los colores

El colorido en la escenografía, es de un gran realce expresivo, porque embellece la acción. Los colores nos permiten crear una perspectiva en el escenario y se utilizan para el equilibrio de los elementos escenográficos

Los colores fríos dan una ilusión de profundidad en el escenario: rojo, naranja, café; los colores cálidos (los suaves), hacen ver los elementos de la escenografía, más cerca del espectador.

La música

La música es un elemento artístico, que ayuda a revelar el contenido de la obra.

La decoración musical no puede ser arbitraria, porque la obra tiene exigencias. Es necesario tener sentido artístico, para saber introducir la música y encontrar el lugar propicio.

Existen dos clases de decoración musical: la ilustrativa y la orgánica.

La ilustrativa, se utiliza como música de fondo; ambienta y crea la atmósfera del espectáculo. Sirve para ubicar la obra cronológicamente y dar un ambiente histórico; por estas razones, se debe conseguir música propia de la época.

La música orgánica, es la escrita especialmente para la obra. Se utiliza para revelar con más fuerza, los momentos más importantes de la obra.

El maquillaje teatral

El maquillaje es un elemento que ayuda a configura la fisonomí de un personaje.

Clases de *maquillaje:* el característico, el no característico, el típico y la máscara.

El *maquillaje característico,* es el que logra configura en el rostro del actor, los rasgos psicológicos, cómicos, que exige el personaje; por ejemplo: un chino odioso.

El *maquillaje no característico,* es el que se logra sin cambiar la fisonomí de la persona: un anciano, un joven o un chino.

El *maquillaje típico,* es el que resalta los rasgos indígenas.

La *máscara,* es un tipo de maquillaje, que transforma la fisonomí del actor, en otro rostro completamente diferente.

¿Cómo se hace un maquillaje? Los mejores maquillajes están hechos con elementos naturales (hierbas). También existen los productos químicos. Conocemos un maquillaje, que es fácil de hacer, con los siguientes elementos: blanco de zinc medicinal, vaselina y crema de cacao.

Coloque tres pastillas de crema de cacao y la vaselina, en un recipiente, a fuego lento; cuando estén derretidas, agregue una cucharada de blanco de zinc y cuando esté a medio hervir, apague; ha obtenido maquillaje blanco. Si quiere maquillaje en otro color, aplique un poquito de anilina vegetal, a la crema blanca y únteselo con los dedos mojados.

¿Cómo empezar a maquillar?

Cada actor, debe conocer su faz, sus líneas y la expresión del rostro.

Debe conocer el color de la cara. La cara debe estar limpia. Puede utilizar pegantes; si quiere respingar una nariz o estirar los ojos, utilice una cinta de línea aislante; coloque base facial para pintar cejas, ojos o arrugas. Hay que poner polvo facial después del maquillaje, para evitar el brillo que puede producir la luz del escenario. Las pelucas y bigotes, se colocan después del maquillaje.

El maquillaje debe quitarse con vaselina o aceite, después de lavar la cara, con agua tibia y jabón.

Las máscaras

Unte sobre la cara de un compañero, abundante vaselina, tenga listos unos retazos de venda de yeso, mójelos y extiéndalos sobre la cara, formando tres o cuatro capas. Después de media hora, quite la máscara con cuidado; al día siguiente, la puede maquillar, utilizando acuarelas; ábrale los ojos, y perfeccione los orificio de la nariz.

Pinte un rostro sobre una cartulina, dibuje la nariz en forma de tríangulo. Recorte la cara: nariz, ojos, boca (dientes); haga en cartón la forma de la nariz, y péguela en su lugar; haga una cabellera en papel sedita y péguela detrás de las orejas. Puede maquillarla, utilizando acuarelas.

La lectura

Escoger dos textos, que faciliten la lectura interpretativa: "El Principito" o "Alicia en el País de las Maravillas".

Los alumnos al leer, observarán los siguientes aspectos, para que su lectura sea eficiente comprensión del contenido, volumen, buena dicción, tonalidad, puntuación gramatical e interpretación; llevar la vista adelante de las palabras; no correr; la voz debe salir del estómago; cuando vean la frase muy extensa, se debe tomar aire suficiente para no llegar precipitadamente a la pausa. Se debe hacer pausa en cada signo de puntuación y respirar en ese momento, con tranquilidad.

La redacción

Primer ejercicio: Lope de Vega, responde a la pregunta: ¿Cómo compongo?: leyendo buenos autores y lo que se ve, imitarlo, perfeccionarlo y escribirlo. Con base en esta motivación, lea, imite, perfeccione y escriba: "la descripción de la enfermedad del insomnio en Macondo" y "la ascensión a los cielos de Remedios "La Bella". Lea su composición, ante los compañeros.

Segundo ejercicio: Copie de un periódico o revista, una noticia; tome las ideas y componga un número de oraciones. Los demás alumnos, no deben conocer el texto original, hasta el final para comparar cuál de las composiciones se acerca más al original.

Procedimiento: Con base en las oraciones dictadas, escriba la noticia; primero, componiéndola de tres oraciones; después, de dos oraciones por último, de una sola oración.

Análisis de la obra y del personaje

El siguiente esquema es fundamental, para realizar el trabajo de mesa y escrito de una obra teatral:

- Lectura de la obra.
  * Impresión subjetiva.
  * Argumento.
- Época del autor:
  * Biografía del autor.
  * Marco histórico.
  * Marco cultural.

* Modo de producción en que fue escrita la obra.
* Clases sociales.

– Análisis de la obra:
* ¿Cuántos actos?
* ¿Cuántas escenas?
* ¿Cuáles escenas?
* Sucesos más importantes en cada escena.
* Fuerzas en pugna. ¿Cómo se desarrollan?
* Clases sociales que aparecen en la obra.
* Intereses de cada clase.

– Personajes:
* Biografía de cada personaje.
* Clases sociales de cada personaje.
* Intereses de cada personaje.
* Relación o no relación de cada personaje.
* Comportamiento sicológico de los personajes.

– Su personaje:
* ¿Qué dice el autor sobre su personaje?
* ¿Qué dicen los demás personajes sobre el suyo?
* ¿Qué dice el personaje sobre sí mismo?
* El número de escena en que interviene su personaje.
* Las escenas principales y secundarias en que interviene.
* Los parlamentos de su personaje.
* ¿Cómo actúa su personaje?

– Análisis de la trama:
* Presentación.
* Nudo.
* Desenlace.

– Estructura del diálogo:
* Lenguaje.
* Parlamento.

– Mensaje:
* ¿Cuál es?
* ¿Qué enseña?
* Interés del autor.
* Impacto de la obra en la época.
* En la actualidad ¿sirve o no?
* Palabras de difícil significació y su significado

- Montaje:
  * Escenografía.
  * Vestuario, según la época.
  * Utilería requerida.

Programación de una clase

El programa que vamos a presentar, es susceptible de ser modificado porque la experiencia y repetición de los ejercicios, dará pautas al maestro, para organizar su clase, de acuerdo con el plan general de la materia y del curso.

La siguiente planeación, por sesión, podría ser una orientación:

* Primero, el círculo de la respiración; segundo, calentamiento inicial de la expresión corporal; y tercero, lectura del libreto, análisis de la obra y del personaje.

* Calentamiento inicial de la expresión corporal, el tarareo con labios cerrados, tarareo vocalizado y ensayo de la obra.

* Representación teatral de la obra y foro.

* El círculo de la respiración, juego de imágenes y lectura interpretativa.

* El círculo felino, ejercicio de locución, lectura del libreto y análisis de la obra y del personaje.

* El círculo de la respiración, ejercicio del jadeo y ensayo de la obra.

* Calentamiento inicial de la expresión corporal, ejercicio de relax (el mito de la caverna) y lectura interpretativa.

* El coro y el corifeo, juego de imágenes y taller de máscaras.

* Furia de titanes, ejercicio de relax (la alegoría de la carroza) y ejercicios de redacción.

* El círculo de la respiración, los círculos de la plastilina, lectura de libreto y análisis de la obra y del personaje.

* Tensión y distensión, el círculo felino y ensayo.

* Desplazamiento e interacción, calentamiento inicial de la expresión corporal y ejercicios de lectura interpretativa.

* El círculo de la respiración, juego de maniquíes y juego de animales.

* El círculo felino, ejercicio de relax, lectura de libreto y análisis de la obra y del personaje.

* Expresiones, calentamiento inicial de la expresión corporal y taller de máscaras.

* El espejo, Teseo y Ariadna, los mendigos y los aristocráticos.

Capítulo tercero

Filosofía y teatro

El centro filosófico

Personajes

David, José

Ambientación

David y José entran a una taberna; un mesero los atiende y después dialogan:

José: *(A David)* ¿Quién inventaría la Filosofía? Esa asignatura a mí no me gusta, me produce náusea.

David: La Filosofía es mi materia favorita. Antes moriré que dejar de estudiarla. José, si te produce náusea la Filosofía, eso indica que estás empezando a filosofar Al fi y al cabo estás emitiendo un juicio.

José: No David, definitivamente la Filosofía no me gusta. Sinceramente no me gusta... Me fastidia...

David: Yo no lo creo José, porque tú me estás demostrando con tu actitud que la Filosofía es pensamiento...

José: ¡Yo nada te estoy demostrando...! ¡Hágame el favor de respetar!

David: ¡Sí hombre! No seas pesimista... Tú me estás demostrando que todo hombre es filósofo, aunque tú no lo creas, porque estás enceguecido por la televisión y el billar. Además, nunca te veo leer ni un libro de filosofía ni de literatura. Yo te invito a entrar en el maravilloso mundo de la sabiduría. ¿Sabías que la filosofía viene del griego *philos* que significa amor y *sophia*, sabiduría?

José: No lo sabía.

David: Sí José, la filosofí se defin etimológicamente amor a la sabiduría. No hablemos más... Es tarde... No quiero perderme un diálogo que mis compañeros de grupo han preparado para representar en el Centro Filosófico

José: ¿Qué es un Centro Filosófico

David: Es como el centro literario, es decir, una actividad académica que tiene por objeto analizar el pensamiento y las obras de los escritores de la literatura. Hoy solamente tengo el gusto de presentarte el Centro Filosófico; después tendré oportunidad de hablarte detalladamente de todas las actividades que se pueden hacer en un centro literario tomando el teatro como recurso pedagógico.

José: ¡Ah! Eso del teatro sí me llama la atención: la expresión corporal y las dramatizaciones que me alegran...

David: De eso se trata. Debemos instituir la alegría no sólo en el aula sino en todos los espacios que tengamos para filosofar... Por supuesto, que las obras resultan divertidas, pero también debemos darle mucha importancia a la construcción del conocimiento. Estamos aburridos de la repetición y memorización mecánica de las clases. El teatro como recurso pedagógico nos permite un aprendizaje, participativo, dinámico, vivencial y estimula el gusto por la vida. Gracias al teatro nos reunimos, nos integramos y generamos sanas relaciones humanas; hacemos nuestras ilusiones realidad y tenemos la oportunidad de poner en juego nuestra imaginación para crear y aportar a la educación.

José: Yo agradezco tu preocupación por motivarme y transmitirme la alegría que debemos inaugurar en el aula. Ahora, dime ¿qué es lo novedoso del Centro Filosófico

David: Ya lo he dicho: la apropiación del teatro como recurso pedagógico.

José: Así que de una manera teatral me propones saborear el mundo filosófico: autores, obras, corrientes del pensamiento, marcos históricos y culturales...

David: No se te olvide José que el análisis, la reflexión la crítica y la creatividad son muy importantes. Tienes que llenarte de optimismo, porque a través de la filosofí se nos abren las puertas cristalinas de los siglos pasados y futuros.

José: De esta manera se rompe con la "educación bancaria" que convierte al alumno en un ser pasivo: asiste a clases, escucha con mucha atención, toma apuntes, devuelve en la evaluación y olvida con mucha facilidad.

David: Sí señor.

José: Me llevarás a la obra teatral que los compañeros van a representar en el Centro Filosófico

David: Te llevaré.

José: ¿Cómo se titula?

David: ¿Qué es propiamente la filosofía

Actividades y sugerencias

- Seleccione un lugar del salón de clase transfórmelo en una taberna; al lado derecho, coloque una tarima y un micrófono; al lado izquierdo, una mesa y sillas, donde se sientan David y José. El locutor anuncia la intervención musical de una artista y una niña ejecuta una fonomímica de alguna de las canciones de moda. Después de esta intervención musical, David y José dialogan. Finalmente, el locutor anuncia a otro cantante quien interpreta una canción con su guitarra o con una pista musical e inician el foro.

- Practique el ejercicio de locución *(El empleo de la voz).*

¿Qué es filosofía?

Personajes:

Camilo, Carmen, Russell, Jaspers, Marcel.

Camilo: ¿Qué es propiamente la Filosofía?... Ésta, es una de las cuestiones filosófic más difíciles. Carmen, ¿crees tú lo mismo?

Carmen: Sí, Camilo, yo creo lo mismo. ¡Qué contradicción!, porque la filosofía, es un asunto que tiene que ver con todos nosotros, con nuestro pensamiento. Yo propongo partir de las lecciones filosófic del profesor Bochenski para que nuestro diálogo sea profundo...

Camilo: No sólo el profesor Brochenski, sino de los autores de la Historia de la Filosofía... Todo hombre, en algún momento de su vida, se convierte en filósofo. Los científicos, los literatos, los historiadores, los artistas, suelen tratar asuntos filosófico

Carmen: El doctor Lord Bertrand Russell, es un filósof contemporáneo, quien perteneció a una familia aristocrática inglesa; se ubica dentro de la corriente del Neorrealismo inmediato. Los neorrealistas, captan de la realidad, no sólo las representaciones síquicas, sino también la realidad trans-subjetiva; ellos, influidos por Locke, Hume y Berkeley, son empiristas, porque para ellos, parte del conocimiento, procede de la experiencia sensible.

Camilo: Carmen, considero que es oportuno preguntarle al doctor ¿qué es propiamente la Filosofía?

Russell: Yo afirmo que la Filosofía, es un concepto colectivo, sobre todo para reflexiona sobre aquellos asuntos, que no pueden tratarse científicamente por eso su tarea, es fundamentalmente crítica.

Carmen: Yo no comparto su criterio, doctor Russell, porque son miles los filósofo que existen en la actualidad y hoy nos planteamos muchos más problemas, comparándolos con los de la filosofí griega.

Camilo: Yo recuerdo que para Aristóteles, Filosofía y Ciencia, significaban lo mismo y posteriormente, se han independizado las ciencias particulares: la medicina, la lógica formal... Los hechos demuestran, que la Filosofía se enriquece frente al desenvolvimiento de las ciencias; es decir, a la independencia de una ciencia especial, surge paralelamente una nueva disciplina filosófica; por ejemplo: al recuperar su autonomía la Lógica Formal, surge una filosofí de la lógica, muy discutida en Norteamérica, en estos últimos tiempos.

Russell: Yo defiend mi posición, la Filosofía, no es capaz de dar muchas respuestas seguras, porque su campo temático se compone de cuestiones, que no se pueden abordar científicamente por ejemplo, el alma humana, no es más que un haz de ideas. Ahora, la materia y el espíritu no existen, son solamente datos sensibles que se agrupan de diferente manera; por lo tanto, niego la existencia de un alma sustancial.

Carmen: O hay que filosofa o no hay que filosofar Si no hay que filosofar será en nombre de la Filosofía; luego si no hay que filosofar hay que filosofar Esto argüía Aristóteles contra los negadores de la Filosofía y lo mismo puede probarse hoy... De ninguna manera, podemos concederle la razón, a los que niegan la Filosofía.

Camilo: Hay que filosofar no cabe la menor duda. Por eso nos dirijimos a dos filósofo existencialistas, quienes están aquí con nosotros: el doctor Karl Jaspers y el doctor Gabriel Marcel. El primero, alemán y el segundo, francés.

Jaspers: Yo soy Karl Jaspers. Estudié medicina y en mis primeros años de trabajo, fuí siquiatra. Mi obra fundamental, se titula "Filosofía", que está escrita en un lenguaje sencillo y en la que doy mucha importancia a las ciencias -como en todas mis obras-. Para mí, la Filosofía, es, por esencia, metafísica, porque plantea problemas del ser, en tres sentidos: el primero; el *sér* como lo existente, el dasein, aquello que es objeto; el segundo, el *sér* como algo para sí, que en su raíz es diferente de la existencia; y por último, lo que es en sí, que no puede ser abarcado, ni por lo existente ni por el para sí: *(la trascendencia)*.

Carmen: Doctor Jaspers, dicen que usted niega la Filosofía, porque usted está muy cerca de Jean Wahl, en el aspecto de que este filósof francés, afirm que no hay distinción entre Filosofía y Poesía.

Jaspers: Depende de como se mire. Yo no creo negar la Filosofía. Pienso que no desaparecerá jamás, aunque sabemos que de ella se desprenden todas las ciencias; pero para mí, la Filosofía no es ciencia. Su objeto, es lo suprarracional; es decir, que está más allá de la razón o por lo menos, en las fronteras de ella.

Camilo: Según lo que usted dice, doctor, filosofar nosignifica investigar con la razón, sino más o menos irracionalmente.

Jaspers: He ahí mi opinión, Camilo.

Marcel: Yo soy Gabriel Marcel; soy de la misma corriente de Jaspers, y pertenecemos a una segunda dirección del Existencialismo, reconociendo una trascendencia de tipo vertical.

Carmen: Doctor Marcel, quiero me explique su concepto de problema y misterio.

Marcel: La relación enigmática, entre el cuerpo y el yo *(yo soy mi cuerpo, pero no me puedo identificar con él)* nos permite distinguir Problema y Misterio. Si con los conceptos se conocen los objetos como problemas, la realidad solamente se conoce como misterio, que es compromiso o encarnación de ser; lo que exige al hombre, tomar una posición de apertura a los demás y al absoluto, en apremiante invocación.

Camilo: Usted es uno de los filósofo contemporáneos que niega la Filosofía.

Marcel: No creo negar la Filosofía... Comparto con Jeanne Hersch –filósofa de Ginebra–, que la Filosofía, es un pensar-límite entre ciencia y música.

Camilo: Con razón usted hizo imprimir en uno de sus libros, una obra musical, original suya.

Carmen: Yo no me identifico con esa forma de pensar. Es imposible que a la Filosofía, sólo le quede ese pensar poético, en la frontera o mas allá de la frontera de la razón. Contra ustedes, enuncio esta frase célebre de Ludwig Wittgenstein: “Sobre lo que no se puede hablar, hay que callarse”. Por hablar, entiende Wittgenstein, el hablar racionalmente....Y la Filosofía, ha sido siempre, una actividad y un discurso racional y científico De ninguna manera, la Filosofía, es una poesía, aunque hay muchos filósofos con dotes poéticas, como Platón, San Agustín, Nietzsche. No obstante, la poesía ha sido un medio o recurso, para comunicar un pensamiento, como ha sido también el *teatro,* para Jean Paul Sartre.

Marcel: En caso tal, que se aceptara la Filosofía, como ciencia, tiene que surgir la pregunta: ¿Una ciencia de qué?; es decir: ¿Cuál es el objeto propio de la Filosofía?

Jaspers: Muchas son las respuestas a tales preguntas. Unos, dicen que es la teoría del conocimiento. Por ejemplo: Kant y sus seguidores, dicen que la Filosofía, estudia la posibilidad del conocimiento mismo, los presupuestos y límites del conocimiento posible. Los existencialistas, dicen que el terreno propio de la Filosofía, es el hombre, como fundamento y supuesto de todo lo demás. Los positivistas lógicos -entre otros Wittgenstein-, dicen que la Filosofía, estudia el lenguaje de las otras ciencias, desde el punto de vista de su estructura.

Camilo: Yo convengo que la Filosofía, es una ciencia universal y no reducirla a un solo aspecto, sino que tiene que ver con la teoría del conocimiento, los valores, el hombre, el lenguaje...; más aún, puede tratar los mismos objetos de los que se ocupan otras ciencias.

Russel: ¿En qué se distingue entonces, la Filosofía, de las otras ciencias?

Camilo: Se distingue en cuanto al método; mientras que las ciencias en particular, se valen de un método específico la Filosofía, tiene la posibilidad de aplicar varios métodos. El filósofo no tiene por qué limitarse al método empírico, reductivo; también tiene la posibilidad de valerse de la intuición del dato.

Marcel: Además, el punto de vista, también distingue a la Filosofía, de las otras ciencias; por ejemplo: la Filosofía, atiende el punto de vista del límite, de los aspectos fundamentales de un objeto. El científico, conoce; el filósofo, también conoce. No obstante, pregunta qué es conocer. La Filosofía, va a lo profundo de la existencia, está constantemente preguntando e investigando... La filosofía se pregunta por el valor en sí mismo, más que por la evolución de éste en la sociedad.

Carmen: La filosofía, a través de la Historia, se ha visto como una ciencia universal, porque ha adquirido una posición de apertura frente a todo lo existente y emplea todos los métodos posibles. La filosofía, reflexiona sobre los problemas-límites y las cuestiones fundamentales y profundas de la existencia.

Actividades y sugerencias

- Haga el reparto de personajes con anticipación para que los alumnos estudien el libreto y propongan ideas para el montaje.

- Es mejor desarrollar la clase de filosofí en bloque de dos horas, para poder ejecutar los ejercicios programados.

- Realice el montaje de la obra: ¿Qué es propiamente la filosofía de la siguiente manera: coloque un fondo musical suave; dirija el "Círculo de la Respiración"; transforme el espacio escénico en una biblioteca; se sientan los actores; coloquen algunos libros de filosofí sobre la mesa y ensayen la dramatización.

- Elijan un presidente del Centro Filosófico quien se encargará con sus colaboradores *(secretario y tesoreo del Centro Filosófico* de coordinar las actividades académicas y culturales; hará la presentación de los actos haciendo una introducción breve a cada uno de ellos; dirijirá el foro a continuación de las escenificacione y escribirá las actas.

- Después de un Centro Filosófic el presidente iniciará el foro motivando al auditorio para que hagan sus críticas constructivas en lo referente al contenido y la forma en que se realizó el montaje teatral. Además, los actores pueden hacer preguntas a los participantes sobre el pensamiento de los autores y sus repercusiones en la actualidad.

- Los alumnos, a imitación de las obras propuestas en el texto, pueden redactar sus propios libretos y seleccionar los mejores para representar en los Centros Filosóficos

- Cada mes pueden realizarse dos Centros Filosófico o cuatro obras teatrales por bimestre.

- Las evaluaciones se pueden llevar a cabo con base en los siguientes *Indicadores de logros:*

- Comprende y explica el contenido de las obras teatrales.
- Argumenta filosóficamen las interpelaciones del auditorio.
- Responde correctamente las preguntas que se le formulan.
- Reflexion sobre el pensamiento filosófic
- Critica y aplica las ideas filosófic a la actualidad.
- Relaciona el pensamiento antiguo con la ciencia actual.
- Redacta libretos con base en guía del texto.
- Se concentra en el personaje y lo encarna teatralmente.
- Participa activamente en los ejercicios de expresión corporal y oral.
- Es ordenado durante los ejercicios de teatro.
- Es creativo en los montajes.
- Valora el trabajo de los compañeros.
- Es responsable con los trabajos que se le asignan.
- Respeta a los compañeros cuando estos expresan sus ideas.
- Critica constructivamente su trabajo y el de los compañeros.
- Participa activamente en los foros expresando coherentemente sus ideas y la de los filósofos
- Inicia puntualmente el Centro Filosófico

Hablemos de la verdad

Personajes

Camilo, James, Carmen, Kant

Camilo: Mire usted, doctor James, quiero que esta vez hablemos de la verdad.

James: Está bien, yo no le veo ningún problema; hablemos de la verdad.

Carmen: Si yo he conocido algo o alguien, sé que es de esta manera o de ésta otra; por lo tanto, vale la pena preguntarnos qué es la verdad. Pilatos, preguntó a Cristo: ¿Qué es la verdad? Es una pregunta muy importante.

Camilo: "El doctor William James, es un gran amigo". Este juicio, es verdadero, porque esto se da en la realidad. Se sabe que el doctor James, nació en New York y que estudió Medicina, en la Universidad de Harvard, pero nunca la practicó como profesión; fue además, sicólogo, fisiólog y filósofo

Carmen: Me gustaría que el doctor James, me aclarara el tema del pragmatismo, tan discutido en la Universidad y al que no le he prestado atención, como debería ser.

James: Yo soy uno de los primeros filósofos que ha proclamado la filosofía del Pragmatismo, que es una corriente o forma de pensar práctica y que respeta la libertad del individuo. Todos los pragmáticos, negamos la razón, como captadora de la vida y la verdad; la reducimos a lo útil.

Camilo: Yo entiendo, que la verdad tiene carácter absoluto y que una proposición es verdadera, si se corresponde con la cosa.

Carmen: Hay una verdad lógica y otra ontológica. ¡Cómo no voy a aceptarlo! lo que rechazo es el concepto de utilidad.

James: Hay que llamar verdaderas, solamente las proposiciones que sean útiles. Hay que ser prácticos; la verdad es la utilidad no tiene carácter absoluto, sino relativo.

Camilo: De alguna manera, tendremos que admitir algunas tesis del pragmatismo, si sirven para la investigación científica o para elaborar una teoría; sin embargo, debemos tener en cuenta que, a ciencia cierta, no sabemos si esas tesis, son verdaderas o falsas, aunque sean útiles.

Carmen: Ahora, lo que yo no entiendo, es por qué ha de llamarse verdad a esa utilidad y ha de hablarse de la relatividad de la verdad. Un científico puede construir una teoría muy útil, pero tendrá que comprobarla, mediante los hechos, para que las proposiciones sean aceptadas como verdaderas. Desde la época de la filosofí griega, de la era arcaica y clásica, se habla de la doctrina de la demostración: una hipótesis es verdadera, si se puede demostrar. En la sociedad griega, no había herejes; por el contrario, hay libertad de expresión. Pensemos en lo que decían los presocráticos, del principio constitutivo de la materia; Tales de Mileto planteaba que el principio o arjé, era el agua y los pitagóricos afirmaba que era el número; cada uno de ellos, podía expresar sus diferentes proposiciones, porque las podían demostrar. La verdad es demostrable... la verdad existe... Yo no la podría reducir, de ninguna manera, a un sentido de utilidad y de relatividad... Considero grave, afirmar que una proposición es verdadera en unas circunstancias y falsa, en otras.

Kant: Dejo de forrar mi obra “La crítica de la Razón Pura”, para decirles, que todo lo que conocemos, es producto de nuestro pensamiento; existe en nosotros. Algunos de los objetos, son producidos de acuerdo con leyes y otros, obedecen a nuestro arbitrio; además, pienso que el mundo exterior, no existe en sentido estricto, sin embargo es realidad, en cuanto a que lo pensamos, conforme a leyes... El mundo fenoménico no es imaginación, es realidad; asimismo, también lo es el espacio y el tiempo, en la medida en que los pienso, conforme a las leyes, que también son realidad.

Carmen: Profesor Kant, su interpretación de la verdad, se denomina, dentro del ámbito de la filosofía, como "idealismo epistemológico". En síntesis, hay dos visiones de la realidad: la idealista y la realista. No obstante, estas interpretaciones de la realidad, presentan sus dificultades

Kant: El idealismo no niega la verdad. Seríamos absurdos, si negáramos la realidad o el conocimiento que es creador, porque produce sus objetos.

Camilo: Yo no estoy de acuerdo con usted, profesor Kant; yo soy muy realista... Nuestro pensamiento individual, es poco lo que puede crear, a no ser que sea un ente de razón o un fantasma; pero éste, aún es un producto de la realidad; por ejemplo: para imaginar una sirena, es necesario haber visto antes una mujer y un pez.

Carmen: Ahora, los idealistas suponen un yo dual: el yo personal o empírico y el yo trascendental; éste, es el creador de los objetos o absoluto y aquél, los toma solamente como se los permite el yo absoluto.

Camilo: Para mí, ese tal yo trascendental, es una quimera... El conocimiento, consiste en que aprehendemos un objeto que está ahí, en la realidad, fuera de nosotros, porque lo conocido no puede estar en el conocimiento, sino fuera... Pensar lo contrario, sería un equívoco.

Kant: Lo conocido ha de estar en el conocimiento; por ende no fuera... No podemos hablar de un "fuera". ¿Cómo podrán afirma la existencia de los colores, cuando en la realidad no parece haber colores? Sabemos, por la ciencia, que los colores, se originan en nuestros órganos visuales, como efecto de la acción de determinadas hondas, que caen sobre nuestros ojos... Por ende, los colores no existen...

Carmen: Los colores sí existen. Yo me identific con el realismo. En la naturaleza existen las hondas luminosas y por su puesto, los atractivos colores, que engalanan el mundo... Yo no puedo desconocer los procesos físicos y psíquicos que existen en mí y a través de los cuales puedo aprehender el universo.

Actividades y sugerencias

- Practique el ejercicio del *tarareo* con labios cerrados; le va a dar mucha risa; no importa, recuerde que la carcajada quita el estrés; así que puede reírse todo lo que quiera. Después saldrá el ejercicio naturalmente.

- Dirija el ejercicio de relax: "Mito de la Caverna" y en la parte de la historia de la caverna y los esclavos, lea con una entonación clara y con mucho sentimiento; un fondo musical gregoriano, les ayudará para la concentración. Al fina de este ejercicio pregunte a los alumnos qué sintieron y que expliquen el contenido de la alegoría de la caverna.

- Divida en grupos a los estudiantes y dígales que hagan una improvisación escénica del *Mito de la Caverna;* pero aplicado a la actualidad. Sabemos que en nuestra sociedad hay muchos hombres que viven en la oscuridad; sin embargo, hay otros que viven en la luz y sacan a muchos de la oscuridad, del vicio, de la corrupción; oriente las improvisaciones en este sentido.

- Después de realizar el ejercicio de relax del "Mito de la caverna" y de hacer la improvisación escénica, los alumnos encargados del libreto "Hablemos de la verdad", harán su representación teatral, y culminarán el Centro Filosófic con la técnica del foro que se conoce.

Reflexión sobre el conocimiento

Personajes

Gorgias, Carmen, Camilo, Descartes

Gorgias: Yo sé que usted se llama Carmen y usted, Camilo.

Carmen: Yo sé que usted se llama Gorgias de Leontino.

Gorgias: Yo soy Gorgias de Leontino. Viví en Sicilia, a finale del siglo V a. d. C... Yo soy uno de los representantes de la Sofística.

Camilo: ¿Luego, hay más?

Gorgias: Sí... sí, Protágoras, Gorgias, Trasímaco, Calicles, Hipias, Antifonte, Pródicos...

Carmen: Yo recuerdo que Protágoras es relativista; él, dice que "el hombre es la medida de todas las cosas", o sea, hay frío, para quien lo siente y no lo hay, para quien no lo siente; en otras palabras; la verdad no es absoluta, sino que es relativa... Trasímaco, toma como criterio absoluto de verdad la ley natural, la ley del más fuerte; Calicles, toma como criterio, la ley del tirano, e Hipias, Antifonte y Pródicos, elevan la ley moral, por encima de los vicios. Estos tres últimos, están muy cerca del pensamiento socrático.

Camilo: Carmen, ¿qué es la Sofística?

Carmen: Según una exposición que hizo Stanislao Zuleta, en la Universidad, yo recuerdo que la Sofística es una figur del Escepticismo; sostiene que cualquier cosa, puede ser refutada o demostrada; todo depende de la habilidad con que se haga la argumentación...

Gorgias: Nosotros en el Siglo V, fuimos muy poderosos, defendíamos los intereses del Capitalismo de nuestra época... El sofista, en general, frente a la realidad, toma una posición neutral, porque busca la verdad; no se sabe dónde, pero la busca... Yo, en cambio, digo que: nada existe; si existe algo, no lo podemos conocer; supuesto que existiera algo y lo pudiéramos conocer, no lo podríamos comunicar a los otros.

Camilo: ¿Usted habla en serio, amigo Gorgias?

Gorgias: Hablo en serio y quiero invitarlos a realizar una reflexió sobre el conocimiento.

Carmen: Pensándolo bien, amigo Gorgias, según su tesis, absolutamente todo, sería un engaño; no habría diferencia entre lo verdadero y lo falso. ¡Qué locura! pues yo tengo la certeza, de que existen los seres, las cosas y es factible conocerlos.

Camilo: Es hora de preguntarle al filósofo francés Renato Descartes, qué posición filosófi toma, frente al conocimiento.

Descartes: Yo hago una reflexión similar a la de Gorgias: los sentidos nos engañan, inclusive fallamos en los cálculos matemáticos; por ende, debemos dudar de todo; pero de lo único que no podemos dudar, es que alguien duda y ese alguien es el yo. De ahí, el principio de mi filosofía "cógito ergo sum", que significa pienso, luego existo. Por lo tanto, mi posición frente al conocimiento, es dubitativa y contradigo a Gorgias, porque puedo afirmar que yo existo.

Carmen: Al reflexiona sobre su posición dubitativa y su principio filosófico, yo concluyo que en su pensamiento, se confunden el contenido del pensamiento y el pensante mismo. Yo pienso, sin lugar a dudas, que no hay pensamiento sin sujeto pensante... Para mí, su "cógito", sólo prueba que hay pensamiento y la existencia del yo, como sujeto pensante, no está justificada bien se podría decir: pienso, luego no soy... Pudiera ser –como decía Gorgias–, que no existiera nada y que no pudiéramos conocer nada...

Camilo: Frente a estos planteamientos, nosotros lo que debemos hacer, es intentar saber, para poder solucionar los problemas del pensamiento, racionalmente. Yo no entiendo por qué toman esa posición dubitativa ¿es que no se dan cuenta, de cómo un físico, un químico, un biólogo o un historiador, jamás desconocen que existen cosas cognoscibles por la razón?

Carmen: De ninguna manera, yo admitiría el escepticismo, porque hay casos tan evidentes, que yo no puedo someter a dudas. Ustedes tendrían que decirme "absurda", si yo les dijera que estoy dudando del hecho de estar sentada aquí, en esta silla, en frente de ustedes. ¿Cómo puedo poner en duda, que en este momento, estoy conociendo, algo de ustedes, a través de esta conversación?...

Camilo: Ahora yo pienso, que algunas veces, nos equivocamos; como dice el dicho: "el que tiene boca, se equivoca"; pero esto no quiere decir, que siempre nos equivocamos.

Carmen: Yo pienso, en contra de los escépticos, que existe, con seguridad, algo que podemos conocer con certeza y también, que podemos darlo a conocer a los demás. Lo que me parece maravilloso, es cómo estas tesis de los escépticos –específicamente las de Gorgias–, nos permiten ejercitar la inteligencia, en la reflexió e intercambiar nuestras opiniones y conceptos sobre la gnoseología.

Camilo: ¿Qué entiendes por gnoseología?

Carmen: Yo entiendo por gnoseología, el estudio del conocimiento, o bien: teoría del conocimiento, como tal. A la gnoseología, le corresponde valorar el conocimiento; es decir: plantear la posibilidad del conocimiento: qué conocemos, cómo lo podemos conocer y si lo que conocemos es verdad. De ahí, las diferentes teorías del conocimiento, tales como: el escepticismo, el probabilismo, el dogmatismo, el realismo, el racionalismo, el empirismo, el intelectualismo, el apriorismo, el pragmatismo y otros más.

Camilo: En realidad nuestros conocimientos son escasos, tenemos raras evidencias o intuiciones claras. Ya Sócrates, en la antigüedad, había expresado su famosa frase: "sólo sé, que nada sé". En todos los asuntos filosófico nada es fácil, por eso debemos esforzarnos por conocer y ampliar nuestros conocimientos.

Carmen: ¿Qué diferencia hay entre gnoseología y epistemología?

Camilo: Ambas son ramas de la filosofía; estudian el conocimiento. La diferencia es, que la gnoseología –como se había mencionado–, estudia el conocimiento, como tal y la epistemología, desde el punto de vista etimológico, es el estudio de la ciencia, de su naturaleza y la validez de sus principios.

Descartes: En la epistemología, se debe observar un método, que es el camino que debemos seguir, para llegar a la verdad en las ciencias. El método, es importante, porque impone disciplina al espíritu y excluye de la investigación, el capricho y la casualidad... Yo dudo, es verdad, pero metódicamente. De ninguna manera, se puede negar el conocimiento. Con base en el hecho del conocimiento, es que han surgido: la epistemología, la gnoseología y las diferentes teorías del conocimiento.

Actividades y sugerencias

- Ejecute los ejercicios de expresión corporal: “Furia de Titanes” y el de “Teseo y Ariadna”. Después de realizar los ejercicios no olvide preguntar a los alumnos cómo se sintieron mientras los ejecutaban.

- Lea grupalmente el librero “Reflexió sobre el conocimiento” y escuche las propuestas de los estudiantes para el montaje. Descubrirá que ellos tienen mucha imaginación y creatividad para construir reflectores telones de fondo y conseguir una música apropiada para los ejercicios y las escenificaciones

- Realice el Centro Filosófic practicando los ejercicios mencionados de expresión corporal y a continuación la representación teatral “reflexió sobre el conocimiento” y culmine la actividad con el foro. Las críticas constructivas y la comprensión del contenido son muy importantes como criterios de evaluación.

Filosofía de los valores

Personajes

Max Scheler, Ricardo, Camilo, Stuart Mill, Nietzsche, Carmen.

Max Scheler: *(Sentado en un escritorio, lo rodean algunas personas).* Soy Max Scheler. Nací en Munich, en 1874 y mi muerte aconteció en 1928. Mis obras voy a mencionarlas, para que sean leídas por todos ustedes: "El formalismo en la Ética y la Ética Material", que dí a conocer en 1916; "Esencia y formas de la simpatía", en 1923; "Crisis de los valores", en 1919 y por último, "El puesto del hombre en el cosmos", en 1928. Ahora, todo aquél que quiera dialogar reflexivament sobre los valores, necesariamente tiene que leer mis obras.

Ricardo: Efectivamente, yo he leído todas sus obras, doctor Scheler, y he captado que tiene usted una visión idealista de los valores.

Scheler: Es cierto, yo no me arrepiento de ello. Platón, el gran filósofo de la Grecia de Perícles, está presente en mi pensamiento, porque yo desarrollo los planteamientos platónicos sobre el valor.

Camilo: ¿Qué dice Platón de los valores?

Scheler: Él afirma que los valores en sí son eternos e inmutables.

Carmen: ¿Qué motivos tienen los idealistas para afirma que los valores en sí son eternos e inmutables?

Scheler: Es evidente. Por ejemplo, si comprendo la dignidad de la persona humana, sé, sin duda alguna, que matar es un crimen. Quien niegue esta afirmación, procederá en contra de los valores.

Ricardo: ¿En qué se diferencia una valoración del valor?

Camilo: ¡Tomo la palabra! La diferencia radica en que el valor es eterno e inmutable –como ya se dijo– y las valoraciones están sometidas al cambio; además son relativas. Fíjate, no existen dos personas con la misma visión de un valor; yo puedo apreciar más el valor de la valentía y otro el de la bondad, porque la apreciación depende no solamente de la inteligencia sino de la voluntad.

Stuart Mill: Antes de empezar mi disertación sobre el valor, quiero decir mi nombre a los que no me conocen. Soy Stuart Mill, me ubico cronológicamente de 1806 a 1873. Nací en Londres. Mi doctrina es el utilitarismo. Ahora oirán cómo la aplico a una teoría de los valores, muy contraria a la de los idealistas. Mis obras más conocidas son: "Sistema de Lógica Inductiva y Deductiva", "Principios de economía política" y el "Utilitarismo", entre otras.

Carmen: Doctor Stuart Mill ¿es usted positivista?

Stuart Mill: El positivismo está presente en mi doctrina filosófica. Para mí los valores no son eternos e inmutables –como dicen los idealistas–. Los valores son relativos y varían desde el punto de vista de la utilidad. Los valores se forman, porque nosotros estamos acostumbrados a estimar por motivos de utilidad, de una manera determinada una situación, unos objetos y unas acciones; ahora, si éstas cambian, porque no son útiles, cambia también el valor. Para nosotros, los positivistas, lo útil es un imperativo.

Carmen: Para usted ¿Qué es el valor?

Stuart Mill: Para mí, el valor es una realidad, o sea: una actividad determinada del hombre.

Carmen: Y ¿Qué es el hombre?

Stuart Mill: "El hombre es espontaneidad vital, que al no ser sustancia espiritual, debe ser tratado como hecho de experiencia, conocida solamente por la conciencia y la observación externa". Por la experiencia descubre el hombre, que los valores son entes reales, formados por las estimaciones o valoraciones que él hace frente a los hechos.

Ricardo: No estoy de acuerdo con los positivistas, porque niegan la evidencia inmediata de los valores. Los valores, tienen consistencia en nuestro espíritu, como las leyes matemáticas. De ninguna manera se puede confundir la valoración y el valor –como hacen los positivistas–, porque ésta es subjetiva y el valor tiene una realidad objetiva; por ejemplo: la acción de matar, siempre será un asesinato; es decir: una acción mala... Esto es objetivo. El amor a los padres, es un valor invariable, aunque en la realidad se dé también el odio.

Nietzsche: Ustedes hablan de lo mismo. Yo, Federico Nietzsche, quiero hablar de lo otro. Tanto el positivismo como el idealismo son lo mismo. Lo otro, es lo distinto, lo que no repite lo mismo. Yo les propongo una filosofí diferente de la vida, para romper con la metafísica, para romper con los valores establecidos y trasvalorar; es decir: crear nuevos valores. Me enfrento al pasado, de una manera crítica, para invertir los valores. Mi nihilismo se sintetiza en el tema de la muerte de Dios, para dar paso al superhombre y a la voluntad de poder, que es una nueva posición de valores. Mi nihilismo devalúa todos los valores establecidos, para producir la gran transmutación de los valores. Esta transvaloración, se logra con la metamorfosis del espíritu, que se transforma en camello, luego en león y por último, en niño, que es la inocencia y el creador.

Camilo: En conclusión, son muchas las visiones filosófica por la que es imposible afirma el agotamiento de un tema. Lo más importante de estos diálogos son las reflexione que podemos hacer frente al pensamiento de los autores de la Filosofía. Personalmente, me parecen muy importantes los aportes tanto de Federico Nietzsche como de Max Scheller o de Stuart Mill, porque es su forma de pensar. No obstante, yo pienso que nuestra relación con la naturaleza no sólo es contemplativa sino que la valora y la estima. Es un hecho real, que nosotros podemos juzgar la realidad como bella o fea; sabemos que existen hombres santos y viles. Podemos valorar las cosas, los seres, las situaciones, porque la vida está determinada por la valoración y los valores. Tanto la valoración como la teoría forman parte de la vida. Si me tocara hacer una jerarquía de valores, yo pondría en primer término, los valores religiosos, éticos y morales, tan decadentes en nuestra sociedad, donde reina más la violencia y el odio que el amor. Es necesario reivindicar otros valores, para llegar a construir una civilización del amor. También considero importantes, después de los mencionados, otros valores, tales como: los estéticos, filosóficos y científi os, porque la práctica de cada uno de ellos, nos lleva a progresar espiritualmente y a ampliar nuestra visión de Dios, del mundo, del hombre y de la sociedad.

Ricardo: Yo quiero complementar, –para terminar– que la axiología es una rama de la filosofía que estudia los valores. "Ante una sociedad cada vez más disfrazada de falsas luces y operales, debe plantearse al individuo, el problema de cuales son los valores con los que debe regir su vida. ¿Qué es lo que ha de valer para mí?"

Actividades y sugerencias

- Practique los ejercicios: "El espejo" "Los mendigos y los aristocráticos" y "El tarareo vocalizado".
- Haga una lectura de la "Composición y colorido de la escenografía" y llévelas a la práctica en los montajes.
- Inicie el Centro Filosófic realizando los ejercicios antes mencionados. No olvide que el foro es muy importante.
- Haga una lectura interpretativa de los libretos construidos por los estudiantes, sométalos a críticas y construya nuevos centros filosófico

Dédalo e Ícaro

Personajes

Cautivo 1	Cautivo 3	Dédalo	Ícaro	Licón
Cautivo 2	Cautivo 4	Sócrates	Anito	Melito

Ambientación

En el proscenio, lateral izquierdo (ver fig. 60), coloque dos cajas forradas en papel crepé y sepárelas un metro, para que sea la puerta de entrada a la caverna; en el lateral derecho, se ubican los cautivos amarrados con cadenas vistosas, mirando al público (se pueden colocar en media luna). Cuando hay pocos actores, recuerde que un actor puede doblar varios personajes.

Cautivo 1: ¿Oyes algo?

Sócrates: Nada oigo. ¿Para qué oír? Ya no tiene sentido oír.

Cautivo 2: Yo no creo lo que dices, Sócrates. Así te llaman Anito y Melito.

Sócrates: Yo no tengo nombre. Estoy aburrido.

Cautivo 3: No te aburras. Diviértete un poco, como yo, mirando esa paloma que va volando.

Sócrates: Esa, no es una paloma.

Cautivo 4: Entonces, ¿Qué es?

Cautivo 3: Me pareció una paloma.

Sócrates: Aquí todo parece; nada es.

Anito: ¿Cómo así?

Sócrates: Todo lo que vemos y oímos, no es verdadero.

Anito: ¡Yo soy feliz!

Sócrates: Yo no, esto no puede ser la felicidad.

Melito: ¿Qué?

Sócrates: Esta vida, estas cadenas.

Melito: ¿Cuáles cadenas?

Sócrates: ¡Estas!

Melito: Éstas, no son cadenas *(mirando las cadenas).*

Sócrates: ¿Qué son?

Anito: ¡La vida!

Melito: ¡La felicidad!

Anito: !El amor!

Sócrates: Yo no lo creo.

Cautivo 1: ¿Qué lindo es ese arco iris?

Cautivo 3: Ese no es un arco iris, es una serpiente.

Cautivo 4: No es una serpiente, es una mesa.

Cautivo 2: No es una mesa, es una nariz, con muchas verrugas.

Cautivo 1: ¿Verduras?

Cautivo 3: Tengo hambre.

Cautivo 4: Come tierra.

Cautivo 2: Me gusta más la piedra.

Licón: ¿Qué haces, Sócrates?

Sócrates: Quiero irme. No estoy conforme. Esto no es justo, no es bello, no es verdadero. Quiero encontrar el camino de la sabiduría. No puedo soportar tanta habladuría superficial. Aborrezco la sofística.

Licón: No te desates, te lo advertimos: te mataremos, si te vas.

Todos: Sí, te mataremos *(Sócrates se desata).*

Sócrates: *(Ya desatado; camina lentamente, de las candilejas al foro. En el fondo del escenario, salta un obstáculo: un muro. Cuando está de frente al público, lo encandila un reflector. Los cautivos se van. Aparece Dédalo, seguido de su hijo Ícaro).* ¿Ustedes quiénes son?

Dédalo: Dédalo e Ícaro. Padre e hijo.

Sócrates: Casi no veo.

Ícaro: Es la luz.

Sócrates: Siento dolor en mis ojos... Siento un gran dolor, los he dejado. Quiero regresar *(cae al suelo). (Dédalo e Ícaro, lo ayudan a sentarse).* Quiero verlos.

Dédalo: ¿A quiénes?

Sócrates: A los hombres.

Dédalo: ¿A cuáles?, porque hay muchas clases de hombres.

Sócrates: A los esclavos; quienes están dentro de la caverna. Sofistas y reyes, gentes que carecen de tiempo, de libertad para pensar. ¡El pensamiento me trajo hasta aquí! ¡Yo quiero pensar! No debo regresar.

Ícaro: Señor, abra los ojos. Vea la luz, es maravillosa.

Sócrates: *(Abre los ojos).* Sí, es cierto, todo es maravilloso: ustedes, la luz, mis manos... Pero me sigue doliendo.

Ícaro: ¿Qué señor?

Sócrates: Yo no los quería, pero he dejado mis opiniones. Mi identidad, está en cuestión y esto me produce angustia *(llora)*. Se desintegra mi yo.

Ícaro: Eso no importa, señor. Es normal, que sienta dolor, porque usted, ha descubierto la falsedad de sus convicciones. Usted, ahora, está pensando por sí mismo y eso está muy bien.

Dédalo: Mire usted, señor. Yo soy el más grande y el último de los poetas mágicos. Conmigo, terminó la época de la magia, porque yo pensaba por mí mismo. Construí el laberinto de Creta, donde fue encerrado, no sólo el minotauro, sino también mi hijo y yo, por orden de Minos. Yo fabriqué alas de plumas y cera, para Ícaro y para mí. Huímos e Ícaro, volaba muy alto; su imprudencia lo llevó cerca del sol, se le derritieron las alas y cayó al mar.

Ícaro: No pude llegar al sol. Deseaba alejarme de la tierra. Poco de humano, tenía el mundo. Desde lo alto, vi cuando Orfeo, recibió su lira, del propio Apolo, y esto fue maravilloso.

Dédalo: Y yo vi cuando Orfeo, rescató a Euridice, de los lazos de la muerte. Cuando él cantaba, hacía arrastrar tras de sí, no sólo a los hombres, sino a los árboles, a las rocas y gozábamos.

Sócrates: ¿Qué signific esta leyenda?

Dédalo: Queríamos decirle, que su dolor, es comprensible, señor. El hecho de que a Ícaro, se le derritieran las alas, simboliza el fi de la convicción mágica y el paso a una nueva forma de pensar. Estas rupturas, implican dolor, señor. Usted rompió, con sus convicciones y esto le produce dolor, ¡cálmese!

Sócrates: ¿Qué ruido es ese?

Ícaro: Averígualo *(se van)*

Actividades y sugerencias

- A partir de este capítulo, presentamos el marco histórico y cultural de Grecia. Hemos hecho esta fragmentación, para que cada acto constituya un centro filosófic pero las seis escenas forman una sola pieza teatral que se puede representar en su conjunto cuando se celebre un día cultural y tendría una duración de cuarenta minutos, con el foro se completaría la hora.

- En el Centro Filosófic se trabajará la obra parte por parte.

- Construya unas preguntas sobre "Dédalo e Ícaro"; ejecute una lectura interpretativa del libreto y formule al grupo las preguntas de comprensión de lectura que preparó.

- Proceda con el ejercicio "La imagen de la vela" y "La imagen de la pluma".

- Decore el escenario como se le indica al comienzo del libreto.

- Realice el centro filosófi con los ejercicios mencionados y la dramatización.

- En el foro, haga una lectura interpretativa del Mito de la Caverna de Platón (Libro 7 de la República) y dialoguen sobre las siguientes preguntas: ¿Cómo le gustaría que fuera la república de Colombia? ¿Platón, quién vivió hace 25 siglos, aporta culturalmente al hombre actual? ¿Tendrá Platón alguna vigencia?

- Organice una representación del Mito de la caverna de Platón para que todo el colegio aprecie el espectáculo.

La leyenda de Troya

Personajes

Bardo	Aquiles	Patroclo
Sócrates	Esclava	Homero

Ambientación

Entran los Aqueos. Saquean una ciudad. Un guerrero lleva un estandarte con una escritura: "Somos un pueblo indoeuropeo (siglo XII a. C.); queremos dominar el mundo. Se forma un combate (ver Fig. 6). Se reparten los objetos de oro; mientras tanto Aquiles tiene un romance con una esclava en el lateral izquierdo. Un bardo toma la palabra en el lateral derecho (ver Fig. 60).

Bardo: *(Con emoción, a los guerreros)* "De ese modo, combatían por las naves. Patroclo, entretanto, se presentó ante Aquiles, príncipe de pueblos, derramando lágrimas, como fuentes de sombrías aguas, fluyend de elevada roca y tan pronto como el divino Aquiles lo vio llorar, se compadeció de él y le dirigió estas aladas palabras:

Aquiles: *(Deja a la esclava con Sócrates y se acerca a Patroclo)* ¿Por qué lloras, Patroclo, como niñita que va con su madre y deseando que la tome en sus brazos, la tira del vestido y la mira llorosa, hasta ver satifecho su deseo? Como ella, !Oh Patroclo!, viertes lágrimas en abundancia. ¿Es que traes algún triste mensaje para los mirmidones o para mi? ¿O lloras, acaso, por los Argivos, que perecen junto a las cóncavas naves, por culpa de su propia iniquidad? Habla, no me ocultes lo que te ocurre..."

Bardo: Y exhalando un profundo suspiro, el jinete Patroclo, le respondió:

Patroclo: ¡0h Aquiles, hijo de Peleo y el más valeroso de todos los aqueos! No te irrites contra ellos, porque es muy grande el pesar que les abruma. Los más valientes, yacen ya, heridos o muertos, entre las naves. Herido está el Tideida

Diómedes, y Ulises, famoso por su lanza y Agamenón, lo está también; a Eurípilo, claváronle una flecha en el muslo y los médicos están ahora, curándole con bálsamo sus heridas. ¡Eres implacable, Aquiles! ¡Quieran los dioses, que nunca se apodere de mí, un rencor como el tuyo! ¿A quién prestarás tu ayuda en adelante, si ahora no salvas a los argivos, de su terrible ruina? ¡0h despiadado! No fué tu padre el jinete Peleo, ni te dió a luz Tetis; debiste ser engendrado por el mar azul o por las escarpadas rocas, ¡Tan dura es tu alma! Si no combates, a causa de algún vaticinio de tu madre, que haya revelado, por encargo de Zeus, mándame a mí, con los otros mirmidones, que quizá pudiera ser yo, la aurora de salvación de los dánaos y permíteme, en este caso, que me cubra con tus armas, a fin de que los trayanos, me confundan contigo y abandonen la pelea, se reanimen los dánaos que combaten y haya una tregua en la batalla, aunque sea por corto tiempo... *(Los guerreros, se colocan túnicas griegas y escriben sentados, en hoja de papiro; entra Homero, con un bastón).*

Sócrates: *(A la esclava)* ¿Niña, cómo te llamas?

Esclava: Criseida. ¿Y, usted, por qué viste así?

Sócrates: Salí de una caverna y estoy conociendo.

Esclava: Soy sacerdotisa de Lirneso, la ciudad que usted vió destruir. Ahora, estamos bajo el poder de los Aqueos. Todas estas ciudades estan bajo sus dominios. Yo pertenezco a Aquiles; lo amo y él me ama.

Sócrates: ¿Quién es ese señor? *(señala a Homero).*

Esclava: ¿Lo quiere conocer? venga.

Sócrates: Voy.

Homero: *(Tiene un manuscrito en la mano).* ¿Quién viene hacia mí?

Sócrates: Yo, Sócrates.

Homero: ¿Qué haces?

Sócrates: Pienso.

Homero: ¡Criseida, bríndanos vino!

Socrates: ¿Quién es usted?

Homero: Soy Homero y estos compañeros, son los rapsodas.

Socrates: ¿Qué es un rapsoda?

Homero: Es el nuevo poeta, compositor y declamador. Por los efectos histriónicos que utiliza, es el precursor del actor. En las postrimerías del Siglo XII, los Dorios, otro pueblo indoeuropeo, invaden a Grecia e implantan una economía comercial; a los Dorios, no les interesa la producción literaria; la leyenda de Troya, no presentaba interés para ellos. Por esto, muchos aqueos, se fugan a Jonia, centro urbano e intelectual de mi época y se llevan los cantos heróicos; es decir: la Leyenda de Troya, no para agregar más poemas, sino para perfeccionarlos y preservarlos.

Sócrates: En el Siglo XII, yo escuché el canto de un bardo.

Homero: En efecto, la Leyenda de Troya, era cantada por los bardos. Estos, eran reyes o guerreros, que entretenían a los combatientes, contando las hazañas de los héroes. El rapsoda, se diferencia de ellos en el aspecto intelectual; eran literatos especializados, compositores y declamadores.

Sócrates: ¿Usted escribió ese manuscrito? *(señala el manuscrito, que Homero tiene en sus manos).*

Homero: No... la Epopeya, es decir, la Ilíada y la Odisea, es el resultado de un largo trabajo colectivo que duró tres siglos, aunque algunos críticos literarios piensan que yo la escribí; pero, no puede ser posible, porque el individualismo aún no se había consolidado.

Actividades y sugerencias

- Un combate se forma al inicio de esta escena, por lo tanto, puede ejecutar el ejercicio "Furia de Titanes", para que lo repita en la dramatización. Recuerde que hay temas musicales de algunas películas que se pueden utilizar como música de fondo.
- Proceda con el "Ejercicio del Jadeo"
- Celebre su Centro Filosófico lea las actas que el presidente ha escrito, de los centros anteriores; ejecute los ejercicios propuestos de expresión corporal y oral; no se le olvide realizar el foro y profundizar el pensamiento filosófic

La cultura en tiempo de los tiranos

Personajes

Un Homérida	Hierón
Sócrates	Píndaro

Ambientación

Los actores transforman el escenario en un monumental palacio griego, colgando del techo unas columnas dóricas, hechas en papel crepé; al fondo del escenario debe ir un letrero que diga: "La cultura en el tiempo de los Tiranos, siglo VII-VI a. C."; mientras arreglan el escenario la conversación continúa si se dramatizan seguidamente los actos.

Un Homérida: *(A Sócrates)* Señor le regalo este *canto (le entrega un manuscrito).*

Sócrates: Gracias, es usted muy amable *(lee)...* Batracomiomaquia.

Un Homérida: Sí, Batracomiomaquia, es una obra de la que se origina la Comedia de Aristófanes y de Menandro, en los siglos VI y V a. C.; de la Epopeya, se deriva la Tragedia de Sófocles. Esquilo y Eurípides. Si quiere le regalo otro manuscrito.

Sócrates: Quiero.

Un Homérida: Tómelo *(le da un libro).* Es de Hesiodo quien escribió "Teogonías" y "Los trabajos y los días", en el siglo VII a. C.

Sócrates: ¿Es poeta?

Un Homérida: Es poeta, pero se diferencia de Homero.

Sócrates: ¿En qué se diferencia de Homero?

Un Homérida: Homero es un poeta de la aristocracia feudal, que fué establecida por los Dorios, a finales del Siglo XII; y Hesíodo, es el primer poeta revolucionario; defiende los intereses de los campesinos. Se aparta de los temas religiosos y de los panegíricos de la corte, para tratar asuntos referentes a la justicia social.

Sócrates: ¿Dónde nació Hesíodo?

Un Homérida: Nació en Asera, aproximadamente en el Siglo VIII. *(Sócrates y el homérida, miran el palacio; se acerca Hierón).*

Hierón: ¿Qué hacen ustedes en mi reino de Siracusa?

Sócrates: Estamos conociendo.

Hierón: ¡Ah, conociendo!, y... ¿Quién los invitó?

Sócrates: Cronos, el tiempo.

Hierón: Ustedes no son de Siracusa.

Sócrates: Ninguno de nosotros, es de Siracusa. Yo soy de Alopeke y mi compañero, es de Jonia.

Hierón: ¡Jonia, la región más próspera de nuestra Magna Grecia! Nosotros, los tiranos, ganamos el poder, primero en las ciudades y después en toda Grecia. Esto, significa la victoria del "individualismo", la transición a la democracia, y la destrucción de la aristocracia feudal.

Sócrates: ¿Por qué construyen estos palacios tan grandes?

Hierón: Porque el poder de la tiranía, es grande. Creo que nosotros, hemos producido la transformación histórica, más significativa en el mundo antiguo. Nuestra cultura arcaica, reflej el paso de las formas de vida campesinas a formas de vida ciudadanas. Mileto, Efeso, Quíos, fueron las ciudades más potentes; luego, Atenas y el resto de las poblaciones griegas.

Uh Homérida: ¿Usted es burgués?

Hierón: Soy burgués rico. Soy el Rey. Soy inmortal, como estos grandes palacios y aquellos templos colosales *(los señala).*

Uh homérida: ¿El estilo de ese palacio, es arcaico?

Hierón: Sí, es el mejor de los estilos. Sintetiza el arte de Oriente y Occidente. Este estilo, se impone en todas las expresiones artísticas: la arquitectura, la escultura, la pintura... A toda costa, ambicionamos la grandeza.

Un Homérida: El arte, en épocas anteriores, ha estado ligado a la magia, a lo sagrado. ¿El estilo arcaico, rompe todo vínculo con la religión?

Hierón: Nuestro arte, es autónomo, no está ligado a lo sagrado. Toda expresión cultural de esta época: arte, ciencia, se ha emancipado de la religión y de la mitología *(se oye tocar una lira).*

Sócrates: ¿Quién toca lira en el palacio?

Hierón: Algunos de los poetas de la Corte. Puede ser: Baquílides, Píndaro, Epimarco o Esquilo. *(Entra Píndaro; se acerca a ellos).* Es Píndaro *(a Sócrates)*, salúdense *(se saludan).* Píndaro, quiero nos interpretes uno de tus poemas preferidos, que cantabas a los grandes vencedores de los juegos olímpicos, píticos, ístmicos y nemeos.

Píndaro: Oda a Diágoras, Rodio, Púgil: Como aquél que de mano poderosa, recibe el aúreo vaso, donde el zumo de las vides rebosa. Con el que brinda al juvenil hermano, de su querida esposa, y de albergue en albergue va cundiendo el júbilo y alegre va ofreciendo, el dios de los placeres, soberano y después llega a todos sus amigos el gozo despertando, de su ventura, haciéndoles testigos y el techo familiar tan digno honrando *(todos aplauden).*

Sócrates: Es un canto maravilloso. Su contenido, es educativo.

Píndaro: El objetivo primordial de nuestra poesía es educar a la sociedad. Somos pedagogos; nuestro arte, no pretende divertir, sino hacer tomar conciencia a la gente de nuestros problemas; por ejemplo: Teognis de Megara, reflej en sus poemas un espíritu antiplutocrático y defiend las virtudes nobles frente a los valores pragmáticos que implanta la nueva sociedad. No obstante, aconseja a la nobleza amoldarse a las nuevas circunstancias.

Sócrates: ¿Cuál es su misión como poeta?

Píndaro: ¿La mía?

Sócrates: Sí la suya.

Píndaro: Mi misión es proteger a la nobleza del peligro que representa la plutocracia y recordarle su grandeza y la de sus antepasados.

Actividades y sugerencias

- Decore el aula con columnas griegas de diferentes estilos, y al son de una música griega realice los siguientes ejercicios: "La Imagen del Árbol"; "La Imagen de la Sábana" y "El ejercicio de Locución.
- Represente teatralmente "La cultura en tiempo de los Tiranos", como le indica el libreto.

Los presocráticos y el devenir de la naturaleza

Personajes

Heráclito	Tales	Parménides
Un Homérida	Sócrates	Pitágoras
Anaximandro	Leucipo	Protágoras

Ambientación

Un grupo de actores entra haciendo una expresión corporal al son de una música griega o el tema musical de alguna película.

Heráclito: Todo se mueve: Heráclito, el río, el mar y la tierra, el día y la noche, todo fluye Todo arde, el fuego me vomitó, todo nació de él, con sus incesantes subidas y bajadas. La guerra es madre y reina de todas las cosas. Soy frío y calor al mismo tiempo. Soy ser y no ser; lo lleno y la nada. Soy el deseo fluyendo todo y nada es, ahora y aquí, allá y acá. Nadie puede bañarse dos veces en un mismo río. Estamos en un continuo movimiento. Soy el oscuro y el creador de enigmas, le doy alma y vida al lenguaje. Recordaré siempre que no hay reconciliación, sólo fuerzas contrarias *(a Tales de Mileto)*. Tales de Mileto, ¿por qué miras al cielo?

Tales: El eclipse de sol.

Heráclito: ¿Hoy es 28 de Mayo del 585 A. de C.?

Tales: Sí, hoy es 28 de Mayo del 585.

Heráclito: Se cumplió tu predicción.

Tales: Mira cómo se interpone la luna, entre la tierra y el sol.

Heráclito: Es mal agüero.

Tales: No es mal agüero; es un eclipse.

Heráclito: La luna se mueve; todo se mueve.

Parménides: *(Acercándose a Heráclito)* Nada se mueve; el movimiento, es aparente.

Heráclito: Parménides, el movimiento no es aparente. Por favor, mira la luna *(Parménides, mira)*; se mueve.

Parménides: Es un engaño. El ser, es; el no ser, no es. Ser o no ser.

Heráclito: Ser, y no ser. ¡El devenir!

Parménides: La sustancia es una, inmutable, imperecedera: el ser. Hay dos caminos para llegar al ser: la opinión y el conocimiento inteligible.

Heráclito: Es un camino metafísico. A mí me gusta, caminar eternamente en el mundo, en su devenir: azar y juego. Soy dialéctico. Aquiles puede alcanzar a la tortura, y una flech disparada del arco, puede llegar al blanco *(se ríen).*

Sócrates: *(Al Homérida)* ¿Quiénes son ellos?

Un Homérida: No lo sé, preguntémosles *(se acerca a Pitágoras, quien está en meditación, con unos discípulos).* ¿Quiénes son ustedes?

Pitágoras: Somos los presocráticos. Estamos filosofando sobre el origen del mundo. Estamos admirados de las maravillas del mundo. La naturaleza se nos muestra muy atractiva.

Sócrates: ¿Usted sabe cuál es el origen del mundo?

Pitágoras: El origen del mundo es el número; lo puedo demostrar matemáticamente. Indudablemente, el arjé, es el número, que es un ente geométrico. Las cosas del mundo, son puntos y unidades.

Tales: *(Se acerca).* Yo digo que el arjé es el agua; lo puedo demostrar. Vivimos la época de la demostración. Podemos hablar con libertad, porque no hay inquisición en Grecia; por ende, no hay herejes. Nuestra religión no nos culpabiliza; por el contrario, está de acuerdo con nosotros.

Sócrates: ¿Cómo puede demostrar usted, que el principio del mundo, es el agua?

Tales: El elemento húmedo todo lo penetra y da vida, porque es fuerza divina; la tierra está sostenida por el agua y surgió de ella.

Anaxímenes: No lo creo, el principio de la naturaleza es el aire. El mundo es una materia viviente, que respira; sin aire, moriríamos.

Anaximandro: *(Sócrates).* No podemos determinar el principio; por eso el arjé, yo lo llamo el apeirón, que es una mezcla caótica de todas las sustancias.

Leucipo: *(A Sócrates).* El principio es el átomo, yo lo sostengo con Demócrito. La realidad es doble: ser y no ser, lleno y vacío. Por entre ellos, los átomos se diseminan, agrupándose y formando infinito mundos.

Sócrates: ¿A quién se le podrá creer?

Protágoras: *(A Sócrates)* Todo es relativo; "El hombre es la medida de todas las cosas".

Sócrates: Sospecho que estoy siendo nuevamente engañado. Primero, las sombras dentro de la caverna; y ahora, la gente y las cosas de este mundo. El relativismo de los Sofistas Las sombras que yo veía dentro de la caverna se parecen a estos hombres *(reflexionando para sí).*

Actividades y sugerencias

- Los presocráticos entran haciendo una expresión corporal muy lenta; al son de una música griega. Pueden ejecutar los ejercicios: "calentamiento inicial" y "desplazamiento e interacción" ; practíquelos varios días en el aula; si hay un parque cerca del colegio, maquíllese y haga los ensayos al aire libre. Sería interesante que la gente al pasar los viera entonando los parlamentos y haciendo los ejercicios de expresión corporal.

- Realice el Centro Filosófic representando en un solo acto los ejercicios de expresión y el libreto de "Los presocráticos y el Devenir de la naturaleza".

El siglo de Pericles

Personajes

Pericles	Antígona	Mensajero	Sófocles
Corifeo	Guardián	Creonte	Sócrates

Ambientación

El escenario debe decorarse con un telón de fondo que represente el ágora; Sófocles y Sócrates hablan desde la platea. Pericles se ubica en el proscenio y se dirige al público con estas palabras:

Pericles: Los griegos han sostenido tres guerras contra los Persas. Los atenienses y espartanos han defendido valientemente nuestro estado. La lucha no ha sido fácil, pero con nuestra excelente organización y nuestro método eficiente, hemos logrado el triunfo definitiv en las Termópilas, donde 300 espartanos, vencieron a más de un millón de guerreros persas. ¡Ciudadanos! *(acentúa el tono de discurso).* Éste es el momento de la hegemonía absoluta de Atenas y Esparta. Hoy los griegos, celebramos el triunfo definitiv de la Democracia; entendida, nunca como el poder del pueblo que harto de la explotación y represión de los aristocráticos, se rebela y se apropia de la fortuna de ellos. Yo, Pericles de Atenas, hijo de Xantipo, entiendo la democracia, como la planteaban Dracón y Solón. ¡Ciudadanos griegos! La democracia, no es la fuerza y el poder del pueblo; es la extensión de la ciudadanía a todo individuo, sin discriminaciones religiosas, económicas o sociales. Nuestro *Estado,* tiene el principio, de asegurar a todo individuo, quien tiene el derecho y la posibilidad de llevar armas, para defender la patria. De ahora en adelante, el ciudadano pobre, con la garantía de la Ley, puede atacar al rico o al noble, no para robarle, sino para exigirle que comparta con los otros. ¡Ciudadanos! Este es el momento más grande de nuestra historia. Me siento feliz, de ver reunidos en torno a los edificio de la Acrópolis, el Partenón, el Erectión, al historiador Heródoto, al artista Fidias, a Protágoras, al arquitecto Hipódamos de Mileto, a Sócrates y Platón, a los dramaturgos: Esquilo, Sófocles y Eurípides. Todos los aquí presentes, estamos maravillados del "milagro griego" *(aplauden. Pericles, se sienta en la platea, junto a Sócrates y Sófocles).*

Antígona: *(Entra al escenario, bailando griego).* No puedo cambiar el destino, trazado por la *leyenda.* Siento amor, sólo amor; no siento odio. Amo a mis hermanos: Etéocles y Polinice; a mi hermana Ismene. Amo a mi prometido Hemón, el hijo de Creonte, mi tío.

Mensajero: *(A Antígona).* Antígona: los hijos de Edipo: Etéocles y Polinice, quienes debían reinar, lucharon entre sí, y se mataron, bajo los muros de la ciudad. Creonte: el rey de Tebas, ha ordenado, que se hagan funerales solemnes a Etéocles, el hermano bueno y que Polinice, el malvado, sea dejado sin llantos ni sepultura, presa de cuervos y chacales *(se va).*

Antígona: ¿Comunicaré a Ismene, mi decisión de enterrar a Polinice. *(Entra el corifeo y el guardián).*

Corifeo: *(Mirando hacia el extremo derecho).* No sé, dudo si esto sea prodigio, obrado por los Dioses... *(al advertir la presencia de Antígona).* Pero, si la reconozco ¿Cómo puedo negar, que ésta, es la joven Antígona? ¡Ay! mísera, hija de mísero padre Edipo. ¿Qué es esto? ¿Te traen acaso, porque no obedeciste lo legislado por el Rey? ¿Te detuvieron, osando una locura?

Guardián: *(Entra con Antígona).* Sí, ella, ella, fue quien lo hizo. La cogimos, cuando lo estaba enterrando... Pero, Creonte ¿dónde está Creonte? ¿Qué sucede? ¿Qué hace tan oportuna mi llegada?

Guardián: He aquí, que he venido, a pesar de haberme comprometido a no venir, con juramento, para traerte a esta muchacha, que ha sido hallada, componiendo una tumba.

Creonte: Pero, ésta que me traes. ¿de qué modo y dónde la apresasteis?

Guardián: Estaba sepultando el cuerpo de Polinice; ya lo sabes todo.

Creonte: *(A Antígona)*. Y tú, tú que inclinas al suelo tu rostro. ¿Confirma o desmientes haber hecho esto?

Antígona: Lo confirmo sí, yo lo hice y no lo niego.

Creonte: *(Al guardián)* Tú puedes irte a donde quieras, libre ya del peso de mi inculpación *(sale el guardián)*. Pero tú *(a Antígona)*, dime, brevemente, sin extenderte ¿sabías que estaba decretado no hacer esto?

Antígona: Sí, lo sabía; ¿cómo no iba a saberlo?; todo el mundo lo sabe.

Creonte: Y, así y todo ¿te atreviste a pasar por encima de la Ley?

Antígona: Yo no conozco sino las leyes divinas, que por no estar escritas, no son menos inmutables. Poco me importa la muerte, no nací para compartir el odio, sino el amor.

Creonte: Pues vete abajo y, si te quedan ganas de amar, ama a los muertos, que a mí, mientras viva, no ha de mandarme una mujer *(salen por extremos contrarios)*.

Sófocles: *(A Sócrates, sentado en la platea):* Yo soy Sófocles, el autor de la Tragedia, que acabamos de presenciar. Quiero decirte, que los personajes, reflejan una existencia trágica.

Sócrates: ¿Qué es una existencia trágica?

Sófocles: Es nuestra existencia; la existencia griega. Antígona, afirma una existencia trágica; defiende su principio subjetivo, frente a la ley establecida por Creonte.

Sófocles: Antígona admite que ha violado la ley; pero ella siguió otra ley, que está escrita en su corazón: la ley del amor. Valen ambas actitudes; como consecuencia, el resultado tiene que ser trágico.

Sócrates: Entiendo, que la tragedia, es la afirmació de dos fuerzas contrarias; sin que la una someta a la otra.

Mensajero: *(Se ubica en el centro proscenio).* Filipo de Macedonia, padre de Alejandro Magno, ha vencido a los griegos, en la llanura de Queronea. Nuestras ciudades desangran... Filipo, nuevo soberano, impone por la fuerza la unidad del estado. Frente a este nuevo orden, se han colocado cincuenta y un ciudadanos como jefes: once en la ciudad, diez en el Pireo, para administrar las ciudades; treinta de ellos, constituyen la autoridad superior con poder absoluto! Pueden imaginarse ustedes este caos! ¡El Siglo de Pericles ha muerto!

Actividades y sugerencias

- Esta escenificació puede iniciarse con el enfrentamiento entre dos ejércitos griegos. Dé un vistazo a un libro sobre Historia del traje y vístase de acuerdo con la época. Una túnica griega es fácil de coser. Observe cómo vestían los guerreros; qué armas llevaban; son fáciles de construir en madera.

- Antígona entra a escena bailando, según el libreto. Pues bien, asesórese del profesor de danzas y presente un baile con varias niñas, quienes pueden danzar haciendo una coreografía espectacular; en el baile, que Antígona haga de figur principal. Después de la danza, las bailarinas pueden contemplar la escena desde atrás o salir.

Setencia de Oráculo

Personajes

Sócrates	Melito	Anito
Un juez	Cautivo 1	Equécrates

Ambientación

El escenario nuevamente es transformado por los actores en el cuadro inicial de la caverna (vea Dédalo e Ícaro). Entran los esclavos.

Sócrates: *(Desde el auditorio; habla al auditorio).* Nunca he sido yo maestro de nadie. Pero si alguien tiene ganas de oírme, cuando hablo, no se lo prohibo. Mientras he vivido la historia de la humanidad me he dedicado a considerar qué es lo justo y lo injusto. Es un deber del hombre, practicar la justicia y huir de la iniquidad. Es necesario volver de los caminos de la injusticia, a los de la justicia *(entra a la caverna y se dirige a los esclavos).* Es necesario, salir de la oscuridad a la luz, de las sombras a la realidad. Más allá del sol, está el mundo de lo inteligible, el sol del bien, la verdad. Salí de la caverna, conocí la humanidad y he vuelto a ustedes; he sido doblemente engañado, porque los hombres de afuera, se me parecen a ustedes. Yo, Sócrates, les digo: que el mundo inteligible, existe, es necesario que exista para que el hombre quede a salvo de lo contradictorio y absurdo.

Melito: Nuestro régimen es justo. Sócrates, no seas temerario, ven y trabaja con nosotros. Necesitamos que mates a aquel ciudadano *(señala a alguien del público).*

Sócrates: Prefiero exponerme a los más graves peligros, antes que ser cómplice de acciones criminales. ¡Sentencia de oráculo!

Melito: Te llevaremos ante los tribunales, si no haces lo que te ordenamos.

Sócrates: No lo haré.

Melito: Eres un impío.

Sócrates: Se ha corrompido la legislación y la moral. Todos los *estados* actuales, están mal gobernados. Únicamente, bajo la luz de la verdadera filosofía se puede reconocer dónde se halla la verdadera justicia, en la vida pública y en la privada. ¡Sentencia de oráculo!

Anito: Sócrates: eres un físico charlatán, "temerariamente, escrutas las cosas que se hallan bajo tierra y las que están en el cielo". Ante los jueces, afirmamo que, eres enemigo de la tradición religiosa, cobras importantes sumas de dinero, por corromper la mente de los jóvenes, con tus discursos". ¡Sócrates, debe morir!

Sócrates: "En efecto, atenienses, se me llama, como se me llama, no hay otra razón para ello, que la de que existe en mí, una cierta sabiduría". "En este momento, atenienses, no es, en manera alguna, por amor a mi persona, sino por amor a vosotros, porque condenarme sería ofender al dios, y desconocer el presente que os ha hecho. Muerto yo, atenienses, no encontraréis, fácilmente, otro ciudadano, que el dios conceda a esta ciudad *(la comparación, os parecerá ridícula)*, como a un corcel noble y generoso, pero entorpecido por su misma grandeza y que tiene necesidad de espuela, que lo excite y despierte. Se me figura, que soy yo, el que dios ha escogido para excitaros, para punzaros, para predİcaros, todos los días, sin abandonaros un solo instante. Bajo mi palabra, atenienses, difícil será, que encontréis otro hombre que llene esta misión, como yo; y si queréis creerme, me salvaréis la vida".

Melito: ¡Silencio! Los 556 jueces, proceden a la votación. *(Reina un silencio).*

Un Juez: El resultado, es el siguiente: 281 votos en contra y 275 a favor. Sócrates es condenado, por una mayoría de seis votos *(reina un silencio).*

Cautivo l: *(Trae una copa a Sócrates).*

Sócrates: "Muy bien, amigo mío, es preciso que, me digas lo que tengo que hacer, porque tú eres el que debes enseñármelo".

Cautivo 1: "Nada más, que ponerte a pasear, después de haber bebido *la cicuta,* hasta que sientas que se debilitan tus piernas y entonces te acuestas".

Equécrates: ¿Es permitido hacer una libación, con un poco de este brebabaje?

Cautivo 1: Sócrates, sólo disolvemos lo que, precisamente, se ha de beber.

Sócrates: Ya lo entiendo, pero, por lo menos, es permitido, y muy justo, dirigir oraciones a los dioses, para que bendigan nuestro viaje y que lo hagan dichoso; esto, es lo que les pido, y ojalá escuchen mis votos. *(Lleva la copa a los labios, y bebe con dulzura; se pasea, se acuesta y muere*.*Algunos lloran).*

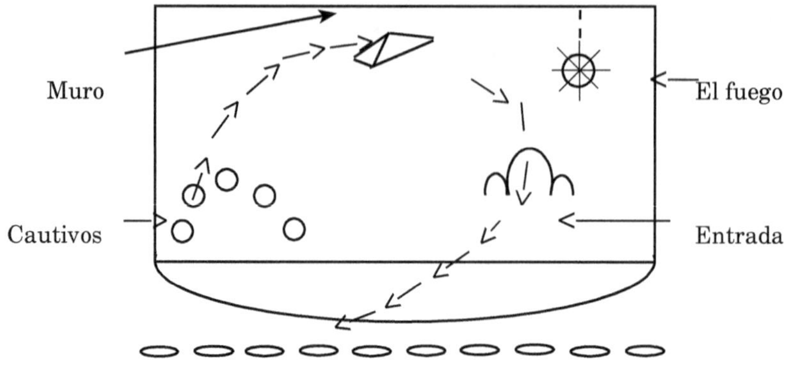

Fig. 61

Se trata del primero y pultimo cuadro con que se abre
y cierra la obra de teatro

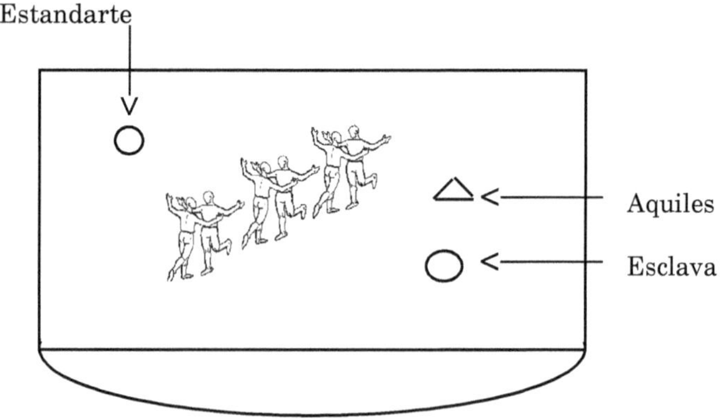

Fig. 62
Para el combate se puede utilizar la planeación, por las diagonales del escenario
y reproducir el ejercicio Furia de titanes.

Actividades y sugerencias

- Con este acto concluimos el marco histórico y cultural de Grecia antigua, que se había iniciado con el libreto "Dédalo e Ícaro".

- Ahora estás en condiciones de organizar un Centro Filosófic y representar la obra completa, sin interrupción. Entre acto y acto, se sube el volumen de la música de fondo; mientras se hacen los cambios escenográficos

- Presente esta obra ante la comunidad escolar. Se sentirá satisfecho de que aprecien su obra de arte.

- Comuníquese con profesores de otras instituciones y celebre intercambios culturales. Estos acontecimientos motivan al estudiantado.

- Hable con los representantes de las casas de la cultura de los municipios aledaños y lleve las obras teatrales que más ha perfeccionado con el ejercicio continuo. Estas experiencias enriquecen mucho; porque nos relacionamos con otras personas, quienes también nos pueden aportar artísticamente.

Diálogo entre griegos

Personajes

Apolo	Dionisos	Empédocles
Platón	Diógenes	

Ambientación

En el lateral derecho construyan un altar, encima del cual hay una copa de vino, un racimo de uvas y una larga cabellera rubia que representa a la diosa Afrodita. Unas columnas trabajadas en papel crepé, cuelgan del techo, simétricamente distribuidas. En el escenario, reina completa oscuridad. Del lateral derecho sale Dionisos quien lleva un cirio encendido y va vestido con una capa negra, o bien, con una túnica griega. Los personajes deben vestirse con túnicas de vistosos colores; algunos están escondidos detrás de las columnas y de ese lugar saldrán para actuar, cuando les corresponda; menos Diógenes quien empieza a actuar desde el público y lleva una vestimenta distinta. Dionisos avanza hacia el proscenio, lateral izquierdo y enciende otros cirios que están colocados sobre el suelo. Va al lateral izquierdo y coloca su cirio en el suelo (ver fig. 66)

Dionisos: *(De frente al público)* Las palabras son muy poco para expresar lo que sentimos; sobretodo, cuando tenemos la felicidad en nuestras manos y cuando nos llena una profunda tristeza; ¡Debemos expresar lo que sentimos! ¡Que nos ayude el cosmos y el caos! ¡La razón y la locura! ¡El día y la noche! ¡Oh, qué vino, qué delicia, qué delirio! Eso no importa. Lo importante está en el cielo y en la tierra; en cualquier lugar. La raza no importa, sin discriminar. ¡Todo es bueno y puro, sagrado! Ayer y hoy no es; el tiempo es cíclico. Todo en un eterno retorno. Somos el todo, la sustancia eterna. ¡Que nuestras voces al unísono griten. ¡Que nos ayuden nuestros antepasados y los hombres que han de nacer en un futuro verde, amarillo, azul! ¡Que suenen los tambores y las trompetas, la lira! ¡Escucha la musicalidad de las esferas celestes! Tienes que captar la armonía, los latidos de tu corazón.

Vamos a instaurar un tiempo y un espacio esférico, para cantar, bailar y demostrar que el hombre es un sentido. Con los versos suaves y tempestivos de la poesía vamos a invadir nuestra galaxia. Vamos a trabajar fuértemente en el teatro, para el amor, para la vida; con energía y alegría. Que nuestras fuerzas se unan hoy y siempre, hoy y siempre, *(baja la voz)* hoy y siempre.

Dionisos se dirige al altar y toma entre sus manos la cabellera que simboliza a la diosa Afrodita. El dios canta o declama el texto que sigue a continuación. Podría en vez de recitar el poema interpretar una canción con el mensaje parecido. El actor puede desplazarse del proscenio, lateral izquierdo y de éste, al Centro Proscenio *(ver fig. 67)*

¡Oh, la más bella de las estrellas!,
si no lo sabías ya lo sabes,
con cuanta razón eres amada; celebremos
con el vino; !Oh, la más bella de las diosas!;
como el lirio entre los espinos,
¡Oh, la más bella de las estrellas!,
te siguen las huellas del rebaño,
¡Oh, la más bella de las estrellas!
como el lirio entre los espinos,
(baja la voz) como el lirio entre los espinos.
¡Ay! Luz de mis ojos, !Ay! Luz de llanura,
amada entre todas las criaturas.
Mira los rebaños, mira las hormigas,
saboreando el dulce de las viñas.
Tus ojos entre tus facciones son
como paloma; voy cantando y amando.
Como panal de miel, rebosan tus labios,
miel y leche hay debajo de tu lengua.
Mientras yo canto en medio de la noche,
se sentía el olor de tus labios.
La noche es para mí racimo de uva,
que reposa sobre mi cuerpo.

Dionisos lleva la cabellera al altar. Aparece Apolo quien estaba escondido detrás de una columna, situada en el lateral izquierdo. Apolo hace movimientos simétricos de expresión corporal y se ubica en el centro del foro *(ver fig. 60)*. Dionisos llena la copa de vino, toma y le da de beber a Apolo; éste bebe y se la devuelve. Dionisos coloca la copa en el suelo y después baila desordenadamente en torno a Apolo. Dionisos termina su danza haciendo el arco *(ejercicio)*. Apolo lo ayuda a levantarse y Dionisos empieza el diálogo.

Dionisos: Flor de vino añejo, han lanzado a mis narices y el amor que te tengo me arrastra ansioso en medio de la noche.

Apolo: Dionisos ¡Estás embriagado! Deliras...!Qué horror!

Dionisos: ¡Ah, qué fuerte! ¡Qué atractivo! ¡Qué vino! ¿Dónde estás?

Apolo: Me aterra que te acerques a mí, de esa forma irracional... Tu danza es una locura y emites palabras sin sentido.

Dionisos: Sí tienen sentido, Apolo, el sentido del sin sentido, la razón de la sin razón... No me desvalores. Todo lo dicta el corazón; en cambio tú Apolo dejas que la razón prime ante los sentidos; por eso, me condenas, porque yo afirm el sentido del sin sentido.

Apolo: Dionisos, la norma... los principios sociales han sido establecidos y tú debes acatarlos; tú caminas por los senderos más equivocados de la tierra: así nunca podrás ser feliz.

Dionisos: Soy feliz y lo sería más aún, si tú llegaras a un en tendimiento conmigo; tienes derechos, ya lo sé; pero yo también los tengo y deberías respetarme; somos dos fuerzas distintas; ninguna es más poderosa que la otra; Apolo tienes que reconocerlo. Al fin y al cabo somos iguales; somos dos fuerzas que se manifiesta en la naturaleza; el uno sin el otro no podría vivir. Produzcamos la *tragedia,* Apolo, con nuestro entendimiento, con nuestra cópula.

Apolo: ¿Qué pecado habré cometido yo, para tener que soportar a esta oveja descarriada de mi estirpe? ¡Oh, Zeus! Tú sabes yo soy luz, la perfección; ayúdame a someter a Dionisos que es el mal.

Dionisos: Hay que ir más allá del bien y del mal. Todo es bueno. Es bueno todo lo que me satisfaga... Todo me satisface... Por tanto, todo es bueno. Apolo, aprende este silogismo, que en nada se parece a la lección del delirio.

Apolo: No te aguanto maldito y condenado Dionisos, que te la pasas viajando, abriéndo a los hombres las puertas de los campos de la locura, de la irracionalidad... ¡Oh, Dionisos!
¿Por qué no quieres ser como yo un individuo perfecto? Se me ocurre que debes hacerte un psicoanálisis... Sería lo mejor.

Dionisos: No me dejaré hacer ningún psicoanálisis... ¡Que eros viva en mí para siempre! Yo soy intensamente placer, abundancia y escasés... No me resigno a ser un ciudadano que pertenece a una distinguida familia burguesa o comunista, que todos los días cumple con sus obligaciones en el trabajo, oprimida e insatisfecha. No quiero ser esclavo y eso tú bien lo sabes. A nada ni a nadie me someteré.

Apolo: Si no aceptas el orden establecido de las cosas; entonces me obligarás a utilizar la fuerza *(intenta pegarle a Dionisos, pero éste no se deja; luchan un momento).*

Dionisos: No me dominarás, Apolo... Baila conmigo, ama conmigo; para tí la luz apaga; fenece el día... No me identificar jamás con la historia universal de la opresión; elogio la locura *(se realiza una danza entre los dos personajes y desde el cielo se escucha una voz, una grabación del poema "La Musa", de Hölderlin):*

Espíritu de turbulencia, que en contra de la tierra y de los hombres. Agita iracundo, incoercible, el antiguo perturbador, que descuartiza a las ciudades como corderos, que el Olimpo una vez asaltó, que hierve en los montes y allí lanza sus llamas, que descuaja los bosques y se adentra en el océano despedazando los navíos; y sin embargo en el orden eterno, nunca te subvierte ¡Oh naturaleza!, ni cambia una sola sílaba; en las tablas de tus leyes, porque también él es hijo tuyo; con el espíritu de la calma nacido de un único vientre.

(Apolo y Dionisos se dan un abrazo después de escuchar el poema y apagan los cirios. Mientras tanto Diógenes desde la parte de atrás del teatro enciende su linterna y empieza su parlamento. Diógenes va vestido con un manto doble (tribón), un palo y un zurrón de mendigo. Empédocles se ubica en el proscenio, lateral izquierdo y cava la tierra con una hacha. Platón, se ubica en el lado derecho y lleva una cometa gigante sobre sus espaldas que representa las alturas).

Diógenes: *(Se dirige al público y poco a poco avanza hacia el escenario)* Soy Diógenes, hijo del sol y de la madre naturaleza. Soy un flujo vital, resultado del proceso natural. Nací en Sinope, en las costas del Mar Negro, en 413 a. de C. Fuí hijo de un falsificador de monedas y de una mujer común y corriente; pero, yo no creo que haya tenido padre o madre del género humano; soy tan solo la herencia del barro y de la materia toda. Soy instinto, placer y desenfreno, un compuesto de ansias naturales; soy la sangre y la vida, la muerte y la corriente de agua. Por mis extravagancias, huí de mi patria y me refugié aquí, en medio de ustedes. No me importa que me llamen "can". Desprecio todas las convenciones sociales. Me encanta comer carne cruda. ¿Alguien trajo un poco, de carne cruda para mí? ¿Alguien quiere venir a vivir en mi tonel? *(llora y ríe como loco; avanza hacia el escenario).* Llevo días y noches buscando entre los atenienses un hombre y no lo he podido encontrar, ¿Se habrán extinguido? Venga conmigo *(le dice a alguien del público)* quiero dar a los jóvenes, prudencia: a los viejos, consuelo; a los pobres, riqueza; y a los ricos, ornatos. ¿Tú quién eres? *(a Empédocles).*

Empédocles: *(Tiene una hacha en las manos).* Soy Empédocles de Agrigento. Nací en el 450 a. de C., en Akragas, colonia dórica de Gela, en Sicilia, fundada hacia el 580. Pertenecí a una poderosa familia siciliana; hijo del jefe del partido democrático de Agrigento. ¿Cómo te parece !Ah!? *(a Diógenes).* La aptitud y profundidad de mi actividad filosófica, hizo que se me mirara como a un dios. Participé en política, me manifesté en contra de la *oligarquía,* restaurando la Democracia; pero vino la reacción y fui desterrado. Mi muerte aconteció probablemente en el Peloponeso o en Atenas, o bien me lancé al Etna, como dice la leyenda que se creó en torno a mí. Mis principales obras son: "El universo", "Las purificaciones" de las que sólo quedan algunos fragmentos. También escribí un poema "Sobre la Naturaleza"... ¿Quieren saber cómo comienza? Dice así: "Apartad de mí ¡oh, dioses!, locura de estos hombres y haced correr una fuente pura de mis labios santificados Y tú ¡oh musa! Virgen de blancos brazos, frecuéntemente invocada. Yo te ruego, comunícame aquello que es permitido escuchar a los seres de un día. Envíame del reino de la piedad, un carro, dócil a las riendas. Escucha tú, el discurso no engañoso".

Diógenes: *(A Platón).* ¿Tú quién eres?

Platón: Soy Platón. Nací en Atenas o en Egina, en el año 429 a. de C.; pertenecí a la más alta aristocracia que por el lado de mi padre Aristión se remontaba a Codro y por el lado de mi madre, a Sólon, uno de los siete sabios de Grecia. Tuve dos hermanos: Glaucón y Adimanto, quienes figuran como personajes en el diálogo "La República"; y una hermana, Potona, quien fue la madre de Espeusipo. Mi nombre propio es Aristócles pero mi profesor de gimnasia me puso el apodo de Platón por la anchura de mis espaldas. Yo fue amigo de Alcibiades y Critias. Aunque recibí clases de Cratilo, mi maestro por excelencia fue Sócrates. Me gustaba viajar. Es mucho lo que se aprende viajando. Dion, cuñado de Dionisio "El viejo", tirano de Siracusa, me invitó a su tierra y estuve muy feliz por la cuenca oriental del Mediterráneo; de regreso, fundé la Academia, en Atenas, en el año 387 a. de C. Viví la época decadente de mi ciudad, es decir, Grecia dividida en varios Estados, rivales entre sí, sin ninguna orientación. Me duele porque Grecia había sido el prototipo de una organización social eficaz y justa, para después verla convertida en un juguete de los demagogos. Me tocó vivir también una Esparta corrompida y decadente. Por estos motivos me alejé de la actividad política y me dediqué al cultivo de la "recta filosofía". Como ustedes pueden darse cuenta, en mis diálogos, yo no hablo solamente del hombre griego, sino del hombre de cualquier tiempo, enfrentado a los tres problemas fundamentales del ser humano: el hombre que busca la satisfacción personal; el ciudadano, que quiere justicia; y la mente que ansía saber. Así que me pueden considerar un filósof actual. Empédocles de Agrigento *(abraza a Empédocles)* ¿Vienes en representación de los Presocráticos a dialogar conmigo?

Empédocles: Vengo en representación de los Presocráticos a destruir tus ínfulas de sabiduría y a destruir cada una de las ideas que has colocado en el mundo transuránico... Me urge convertir en ruinas todo paradigma que enajene al hombre *(amenaza a Platón con la herramienta y la clava en la tierra; Platón se asusta)* Amigo me lanzo al Etna, porque la verdad no está arriba, se encuentra en las profundidades de la tierra *(se acuesta, boca abajo; luego, se levanta).*

Platón: Estás equivocado, Empédocles... Tú no tuviste oportunidad de dialogar con Sócrates en la plaza pública, en el ágora... Seguramente no hubieras muerto tan confundido... Sócrates te hubiera hecho producir las ideas... La idea, la esencia, mi querido amigo está allá, arriba; la idea es inmutable e imperecedera...

Diógenes: *(Eleva el palo y lo deja caer en el suelo)* Observen, mis amigos... Todo es de la tierra... Todo cae sobre el mundo; porque el sentido es lo único que es... La verdad no está en el empíreo... Tampoco hay que buscarla debajo de la tierra. ¡Cómo les gusta a ustedes perder el tiempo... vivamos el momento... entremos en mi tonel!

Platón: No Diógenes, quedémonos aquí, bajo la luz del sol, que nos permite ver la apariencia de las cosas; porque todo esto que vemos con los ojos del cuerpo no es más que simples sombras o reflejo de las ideas... ¡Cómo me encantaría que ustedes contemplaran la idea de *Bien*, para que no buscaran la verdad, atendiendo únicamente a lo que dictan los sentidos. Razón tenía Parménides al afirma que el conocimiento sensitivo no nos conduce a la verdad. Es necesario dejarnos conducir la razón, para llegar al conocimiento intelectivo, a la "noesis"... Debemos ser libres para amar y pensar.

Diógenes: Yo me opongo a ti, Platón; no me identific con tu forma de pensar; sólo existe la piedra, el hombre, las plantas. La belleza de la tierra es realidad... Has olvidado la libertad y sus viejas costumbres... La causa de tantas muertes injustas a través de la historia de la humanidad se debe a ese paradigma, a ese modelo, al que todos deben imitar y que no admite el derecho a la rebeldía. Yo me opongo a las jerarquías sociales... Estoy en contra de los principios que esclavizan, que humillan al hombre. La vida es el fundamento de la cultura y no debemos atacarla; por el contrario, debemos afirma la vida.

Platón: Amigos, ustedes me están dando a entender que yo he sido la fuente de tantos crímenes que se han cometido en el mundo... Yo no tengo, porqué ser el responsable del castigo que se ha dado a los rebeldes... Y si confundieron mi idea con el paradigma del *Estado;* yo nunca, en mi época lo pensé de esa manera. Ustedes lo pueden constatar en mi obra "La República", en donde planteo el gobierno del Rey Filósofo; ya que el filósofo sí actuaría con la Razón y no con el sentido de los jueces quienes condenaron injustamente a mi maestro Sócrates, al no querer participar en un acto criminal.

Empédocles: Yo hubiera hecho lo mismo que Sócrates. Tampoco hubiera aceptado la corrupción política que hoy sigue dominando en el mundo... El común de los mortales está dado a manipular las ideas ajenas y sacar provecho de lo que más les conviene. Ahí tienes a la hermana de Federico Nietzsche quien utilizó las obras de su hermano, para poner sus ideas en benefici del partido Nacional socialista... Yo no admito la degeneración; prefier vivir en el movimiento continuo de la naturaleza; prefiero jugar con los astros y las estrellas, como niños; prefier el carnaval de Dionisos y organizar la gran comparsa del mundo y que triunfe la *Ley del Amor.*

Diógenes: Yo también quiero producirme en el amor; entro a la gran comparsa del mundo. Todo fluye, todo esta en un continuo devenir... Soy Tales de Mileto y luego me transformo en Heráclito y Anaximandro... Nada es idéntico así mismo. El verdadero ser se manifiest en la mascarada de la vida.

Platón: Si con Sócrates, he sido el fundador de la Metafísica, entonces tendré que dejar de volar esta cometa y darle el sitio que le corresponde aquí en la tierra *(coloca la cometa en el suelo).* Que vengan todos los dioses de la mitología a quienes había sustituido por mi mundo de las ideas. En especial ¡Oh, Zeus! Que entre Dionisos y Apolo. No más prescripciones del Oráculo de Delfos; ¡Qué Pitia, la sacerdotiza de Apolo, continúe embriagada, por los gases narcóticos!; ¡Que el universo se transforme en una majestuosa comparsa! *(entran Dionisos y Apolo, y con los filósofos, entonan el poema de Plauto, tomado del "Gorgojo"; Dionisos y Apolo entran con máscaras en las manos).*

Dionisos: Flor de vino añejo, han lanzado a mis narices y el amor que te tengo, me arrastra ansioso en medio de tinieblas.

Diógenes: ¡Ah, qué f uerte, qué atractivo! ¿Dónde estás? Estás ya cerca.

Empédocles: ¡Salve alma mía! Amor de Dionisos. ¡Cuán deseoso estoy de tu vejez perfecta!

Apolo: !Oh, qué perfume! Es comparable al mío; para mí ahora tú eres mirra.

Platón: Para mí, cinamo o rosa, azafrán, vainilla y heliotropo.

Dionisos: Junto a tí, todo ungüento es peste nauseabunda. ¡Ah y allí donde vierten quisiera yo cavar mi sepultura!

Diógenes: Ya tu olor ha halagado mi nariz; ven pues, tú misma acaricia mi garganta.

Empédocles: ¡Ah, qué fuerte, qué atractivo, qué vino! Quiero sentirte en mí, derramándote por mis entrañas, ¡Dionisos, Dionisos!

Dionisos: Qué ¿Qué pasa?

Empédocles: Se ha ido.

Dionisos: ¿Quién?

Empédocles: El vino.

Dionisos: Debemos seguirlo *(los personajes se colocan sus máscaras y también reparten entre el público y los inducen al baile; todos comparten el vino que queda en las botellas).*

Actividades y sugerencias

- Realice el taller de Máscaras y Juego de Maniquíes.

- Le parecerá una obra demasiado extensa, pero no es así. Dura cuarenta minutos y es una pieza teatral en la que el alumno tiene la oportunidad de ser creativo, como en todas las dramatizaciones que se proponen en este libro.

- Ejecute el ejercicio de "Tensión y Distensión" y cualquiera de los ejercicios de relax.

- Finalice "Diálogo entre Griegos", con un baile de disfraces; involucre al público en la danza e invite a los participantes a la expresión corporal.

El banquete de Platón

Personajes

Platón	Aristófanes	Aristodemo
Diotima	Agatón	Alcibiades
Sócrates	Bailarinas	Erixímaco

Ambientación

El escenario, debe decorarse con motivos griegos; hay una mesa, y sobre ella: frutas, jarras con vino, copas. Los personajes, deben estar sentados, y cuando les toque hablar, se levantarán. (Ver Fig.73). Aristodemo y Sócrates, empiezan su actuación, en la puerta de entrada.

Platón: *(Al público).* Mi Estética, tiene que ver con mi filosofí del arte. En el Banquete, –diálogo que van a representar mis contemporáneos–, doy cierta claridad, de lo que puede ser la Belleza. Yo parto de lo bello. Ahora, los cuerpos, poseen un alma, que está vinculada al mundo de las ideas. El alma, nos permite el recuerdo. Por lo tanto, las cosas bellas, del mundo sensible, hablan de lo bello "en sí", –que es una realidad en el mundo inteligible. Cuando yo hablo de lo bello, no implica las cosas, porque lo bello, tiene un valor propio, que es la belleza real, de la que participan las cosas. A través del amor, pasamos a lo bello, de lo bello, pasamos a lo verdadero, que es el bien. Ha sido un honor para mí, haberles hecho la presentación de esta obra. ¡Recibamos a los actores, con un caluroso aplauso!

Aristodemo: ¡Oh, Sócrates!, ¿Adónde vas tan elegantemente vestido?

Sócrates: Al banquete de Agatón, que, por cierto, ayer, horrorizado de la muchedumbre, huí de encontrármelo en la fiesta que celebró por su victoria, pero conviene hoy, hacer acto de presencia. Tú, ¿cómo estás de ánimo y de voluntad, para ir sin invitación, al banquete?

Aristodemo: Estoy, a lo que tú mandes, Sócrates.

Sócrates: Sígueme, pues; a los convites de los buenos, van, por propio impulso, los buenos.

Aristodemo: Tal vez, yo, malo como soy, esté dispuesto, no como tú dices, Sócrates, sino como lo dice Homero, al ir sin invitación a banquete de varón sabio. Mira, pues, que vas a decir en tu defensa, por llevarme así; yo no diré que voy sin invitación, sino invitado por tí.

Sócrates: Cuando dos van juntos, caminando, uno va pensando en como ganarle la partida al otro. Nosotros, por el contrario, pensaremos juntos, qué es lo que vamos a decir. Sigamos, pues. *(Sócrates, se va quedando atrás, absorto en sus pensamientos. Aristodemo, lo pierde de vista y se presenta solo al banquete).*

Agatón: *(Viendo entrar a Aristodemo).* Aristodemo, si has venido, por algún otro asunto, déjalo para otra ocasión, que ayer te busqué para invitarte y no hubo manera de verte. Pero, ¿cómo, no traes a Sócrates?

Aristodemo: Me volví, más, por ninguna parte, vi a Socrates, y eso, que me venía siguiendo.

Agatón: Más, ¿dónde está Socrates?

Aristodemo: Hasta hace un momento, venía siguiéndome; de manera, que a mí mismo, me sorprende. ¿Dónde podrá estar?

Agatón: Que un criado vaya, en su busca. *(Llega Sócrates; se saludan).*

Sócrates: Sería bueno, queridos amigos, que, al ponernos en contacto unos con otros, cual agua que por hilo pasa, de copa más llena a copa menos llena; así ha de fluir la sabiduría entre nosotros.

Eriximaco: La embriaguez, es perjudicial para la salud, cuando excedemos los límites. Después de la comida, es necesario hacer libaciones y cantos al dios. *(Empiezan un rito religioso, cuando entra una flautista, con danzarinas, y hacen su actuación; luego, se van).*

Sócrates: ¡Amigos de la sabiduría!, propongo que Fedro, comience su disertación sobre el amor.

Fedro: Gran dios, es el amor; admirable para los hombres, prodigio ante los dioses mismos, por muchas y varias razones, entre las que, no es menor su ancianidad. Porque, ya al contarse entre los dioses, como antiguo entre antiguos, cosa es, por cierto venerada. No tiene el amor, genealogía conocida; ningún poeta, profesor o pueblo, lo ha inventado.
Y aún Hesíodo, dice, que primero se engendró el caos... después, sin otro alguno de por medio, la tierra, la de amplias espaldas, universal asiento de sempiterna firmeza, y el *Amor*. Parménides, hablando del engendramiento de las cosas, dice: "La génesis, creó en su mente, cual invención primera, de entre todos los dioses, al *Amor*". Cuántos han muerto por amor, y se encuentran en la isla de los bienaventurados; es que el amante, está poseído de la divinidad. Alcestis, en la tragedia de Eurípides, estuvo dispuesta a morir por su marido.
Aquiles, moriría, si no daba muerte a Héctor, en venganza de su amigo, estas acciones, son alabadas por los dioses.

Pausanías: No me parece, Fedro, que tengas razón, porque todos sabemos, que Venus, no está sin amor; si, pues, Venus, fuese una, uno sería también, el *Amor;* mas, puesto que Venus es dos, tendrá que haber dos amores ¿De qué manera, es dos la diosa Venus? Una, es la antigua y venerada, no nacida de madre, hija del cielo, que por esto la llamamos celestial; la otra, más reciente, es hija de Júpiter y de Diona y la denominamos "popular". Por ende, es necesario y correcto, llamar popular al *Amor,* por la segunda colaboradora, y celestial, al otro amor, por la primera. ¡Amigos míos!, las cosas en sí, no son bellas o feas, sino que, son esto o lo otro, de acuerdo al modo como se ejecuta. Debemos amar lo noble, aunque sea feo físicamente. Es bello entregarse, para alcanzar la virtud; hacerlo por dinero, es cosa de los viles.

Aristófanes: *(Le da hipo).* Eriximaco, es de justicia, que me cures este hipo, ya que eres médico, o que hables por mí, hasta que este hipo, cese.

Eriximaco: Haré las dos cosas: hablaré en lugar tuyo, y cuando el hipo te pase, hablarás tú, en mi lugar. Pero, mientras yo hable, si retienes de intento la respiración, por un buen rato, te pasará, y si no, hazte gárgaras con agua; y si es tan fuerte, toma algo que te cosquillee la nariz, y estornuda, que si lo haces una o dos veces, por muy fuerte que sea el hipo, cesará.

Aristófanes: Gracias, Eriximaco; yo haré todo esto.

Eriximaco: Pausanias, ha dicho muchas cosas importantes. Que el amor, sea doble, es una distinción muy bien hecha. Que el amor, se encuentre no solamente en las almas de los hombres, y vaya hacia lo más noble, sino que sea amor de muchas otras cosas, y se halle en muchos otros, es cosa que me parece haberlo yo vislumbrado, mediante la medicina. Este dios, abarca todo: las cosas humanas y las divinas. La naturaleza de los cuerpos, tiene en sí este doble amor, porque lo que de sano hay en el cuerpo, y lo que de enfermo hay en él, cosas son, -según opinión recibida-, diversas y dessemejantes. El que diagnostique en esas tendencias, el amor bello y el moroboso, es el médico mejor capacitado. La *música,* es la ciencia de las tendencias amorosas, relativas a la armonía y al ritmo. Ambos amores: el celestial y el popular, se dan en la música, en la medicina y en las demás actividades humanas y divinas; por eso, hay que vigilarlas.

Aristófanes: Por fin por fin cesó el hipo, mas no antes de haberle ayudado con un estornudo, que, por cierto, me sorprende y admira, que para la compostura del cuerpo, sean menester todos estos cosquilleos y ruidos del estornudo.

Eriximaco: Aristófanes: deja las comedias para las olimpiadas, y empieza tu encomio sobre el *Amor*.

Aristófanes: Dices bien, Eriximaco; pero, tengo pensada una cosa, y muy diversa de las que tú y Pausanias, dijeron. Porque me parece, que los hombres, no han llegado aún, a sentir en sí la potencia del *Amor,* que de haberla sentido, hubieran levantado magníficos templos, altares, y hecho sacrificios. Primero que todo, hay que conocer la naturaleza humana y sus vicisitudes; existieron tres clases de hombres, y no dos, –como lo vemos hoy en día–. Existía, además del masculino y femenino, el ser andrógino, de forma redonda, cuatro brazos, al igual que cuatro piernas, dos rostros sobre un cuello circular, sobre los dos rostros, una cabeza, cuatro orejas y dos órganos sexuales. El macho, descendió del sol, la hembra, de la tierra, y el ser andrógino, de la luna. Estos últimos, fueron terribles, por su robustez y por su fuerza, por lo que Zeus, los divide. Y quiso Zeus, que si se encontraban varón con mujer, engendraran hijos, y por esto renaciera la raza, ya que varón con mujer, llegara su unión a cierta saciedad, y volvieran sus manos a otras obras, y sus cuidados, a otras vidas. Y es de este perseguimiento, de reintegración a otro ser, que le vino el nombre al *Amor*.

Agatón: Quiero, ante todo, decir cómo debo hablar, y hablar después. Porque, –a mi parecer–, todos los que antes de mí, han tomado la palabra, no tanto han encomiado a este dios, cuanto han felicitado a los hombres, por los bienes, de que para ellos, él es causa. Es lícito decir, sin provocar envidias y venganzas entre los dioses, que el *Amor,* es el más bienaventurado de todos los dioses, por ser entre todos, el mejor y el más bello. Mas conviniendo en muchas cosas con Fedro, no estoy de acuerdo, en eso de que el *Amor,* sea más antiguo que Cronos y Japeto; afirmo por el contrario, que es el más joven de los dioses y siempre joven.

Sócrates: Os referiré, pues, unas palabras, que acerca del *Amor,* oí en cierta ocasión, de boca de una mujer mantinea: Diotima, sabia de estas y muchas otras cosas; ella, fue maestra en cosas de amor. *(Aparece Diotima, como un sueño).* El *Amor,* es un gran dios; el *Amor,* es amor hacia lo bello.

Diotima: Sócrates, el *Amor,* no es ni bello ni bueno.

Sócrates: Entonces, ¿que es el *Amor*?

Diotima: Un gran demonio, Sócrates, puesto que todo lo demoniaco, está entre lo divino y lo mortal. Cuando nació Afrodita, los dioses celebraron un banquete, y entre ellos, estaba

Poro *(el recurso)*, el hijo de Metis *(la prudencia)*. Una vez que terminaron de comer, se presentó a mendigar, Penia *(la pobreza)*. Poro, embriagado de néctar, penetró en el huerto de Zeus, y se puso a dormir; Penia, se acostó a su lado, y de esa manera conocieron el *Amor*.

Sócrates: Entonces, el *Amor,* es acólito y escudero de Afrodita. El *Amor,* no es mortal ni inmortal. Es un término medio, entre la riqueza y la pobreza, la sabiduría y la ignorancia.

Diotima: Además, Sócrates, el bien, es lo que aman los hombres. El objeto del amor, es la posesión constante de lo bueno. Nuestra naturaleza, procrea en la belleza, tanto según el cuerpo, como según el alma. La unión de mujer y de varón, es procreación, y es algo divino, pues la preñez y la generación, son algo inmortal que hay en el ser viviente, que es mortal. El *Amor,* no es amor de la belleza, sino amor de la generación y del parto en la belleza. Y ahora, te indicaré el proceso del iniciado: desde la juventud, dirigirse hacia los cuerpos bellos, enamorarse primero de un solo cuerpo, y engendrar en ellos, bellos discursos. Luego, tener por más valioso, la belleza de las almas, que la de los cuerpos. De los cuerpos bellos, hay que pasar a las bellas normas de conducta, y de estas, a la ciencia, hasta llegar a la ciencia de la belleza absoluta, y, por último, conocer lo que es la belleza "en sí".

Sócrates: Gracias, Diotima; ahora puedo ver todo, de una forma clara y distinta. La dialéctica ascendente, no es únicamente de orden lógico, tiene que transformarse el mismo cuerpo en afectividad; lo que importa, es reajustar la organización social; hay que interrogar a la experiencia, de otra forma. La belleza, el amor y la muerte *(datos empíricos)*, son tales, que revelan un dominio diferente, ese otro mundo que constituye el lugar propio del razonamiento filosófico. El *Amor,* ya es conocimiento, y lo que presiente, en el paroxismo de su orgía, es el orden que trasciende el caos empírico. *(Alcibiades, aparece borracho, entre alboroto de músicos y borrachos).*

Alcibiades: ¡Por Hércules!, ¿Qué es esto?, ¿Sócrates en persona? siempre estás donde yo menos espero encontrarte. ¿A qué viniste? ¿Por qué te sientas junto a Agatón, y no junto a Aristófanes u otro cualquiera de los que son o se les da por hacerse los graciosos? Ya sé que han estado hablando del *Amor.* Pero, a Sócrates, voy a alabar en esta ocasión, *(burlándose)*; un día me invitó y criticó mi amor sensitivo, enseñándome que el deseo de un cuerpo bello, lleva como tal, –que se entienda bien–, a desear las bellas formas, en general, y de aquí a amar a la belleza en sí misma, en su esplendor espiritual. *(De la borrachera que traía, cae dormido, y así el resto de convidados, menos Sócrates, quien se mantiene despierto, y al amanecer, se va a su casa).*

Actividades y sugerencias

- Practique "El Círculo de la Respiración", "El Coro y el Corifeo" y "La Alegoría de la Carroza".
- El presidente del Centro Filosófic puede iniciar el Foro con los siguientes interrogantes: ¿Qué dicen los personajes del *Amor*?, ¿Qué dicen los profesores y alumnos sobre el *Amor*? y ¿Qué valor tienen los Diálogos de Platón?
- Después de representar este Diálogo en el Centro Filosófico perfecciónelo, y represéntelo ante la comunidad educativa.
- Adapte teatralmente los siguientes diálogos; Apología de Sócrates, Lisis, Critón, Fedón y organice nuevos centros filosófico

Sócrates, Platón y Aristóteles

Personajes

Sócrates Platón Aristóteles

Ambientación

Un telón de fondo que dibuje la Academia de Platón. En un jardín dialogan los tres filósofos. Utilice fondo musical griego, con bajo volumen.

Sócrates: La verdad es una, eterna, universal e inmutable. Yo no estoy de acuerdo con los sofista quienes relativizan la verdad con su escepticismo. A ellos les digo, que si no hubiera verdad no habría posibilidad de comunicarnos con los demás, de vivir esta existencia que algunos hombres corrompen con sus vicios y la falta de seriedad cuando toman la palabra. No podemos jugar con las palabras, amigos de la sabiduría: Platón y Aristóteles. Yo no quiero que en los siglos venideros ustedes vayan a imitar a los Sofistas

Platón: No lo haremos, maestro Sócrates...

Aristóteles: No lo haremos, maestro de la *ironía*...! Cómo me encanta la expresión risueña de tu rostro!

Platón: ¡Te juro, Sócrates! Yo seguiré tu ejemplo; para que te admiren los siglos venideros escribiré mi magna obra filosófica que llevará tu nombre "Diálogos Socráticos". Seré como tú serio y académico. Fundaré mi propia academia en Atenas.

Aristóteles: Y yo fundaré mi propio Liceo, al lado opuesto de la Academia, entre el monte Licabeto y el río Ilisos: muy cerca de Licaios, templo dedicado al dios de la forma Apolo. Ahora, Sócrates quiero decirte que he reflexionado mucho sobre la ruptura que hiciste con el pensamiento...

Sócrates: Lo siento... Yo no creo que les moleste... Tenía que hacerlo, me tocó vivir unos tiempos difíciles como a ustedes. Nosotros vivimos una Atenas esplendorosa y también una Grecia decadente y ensangrentada... Por lo tanto, me urgía la necesidad de transgredir la hazaña de pensar y abrir las puertas del espacio cerrado del pensamiento racional; es decir, conmigo nace el Racionalismo que tú Platón perfeccionaste maravillosamente... Sin mí, ustedes, mis queridos amigos, nada serían...

Aristóteles: Sobre arte, yo escribí varias obras: La Retórica, La Poética y poesías como Himno a Hermias...

Sócrates: Odio la poesía; no me gusta el arte de las metáforas.

Aristóteles: Sí, lo sé. A ti te gusta practicar la inducción para encontrar los conceptos universales y las definiciones

Sócrates: Dices la verdad; las definicione de las cosas me sirven de base para ir orientando a mis interlocutores. Las definicione se parecen a las hipótesis matemáticas, a las que nos conviene recurrir para aclarar los conceptos que van surgiendo a través de la Mayéutica.

Platón: Aristóteles, tú no te quedas atrás, al igual que Sócrates, has practicado la inducción: porque afirmas en tu filosofía que para llegar a la formación del concepto universal, es necesario partir de los sentidos, con la colaboración de la imaginación y del entendimiento. Exactamente, sobre la inducción hablas en los Analíticos Posteriores y en el Libro I de la Metafísica, en donde describes los grados ascendentes del proceso cognoscitivo: la sensación, la memoria, la experiencia y el concepto universal, que es la reducción de la pluralidad a la unidad, "...A la manera que en un ejército en desbandada, primero se detiene un soldado, después otro y luego todos, hasta que vuelve a reorganizarse la unidad del ejército; algo parecido sucede en la inteligencia..."

Aristóteles: Me gusta que hables muy bien de mis obras y las cites textualmente: pero preguntemos a Sócrates ¿Qué es su mayéutica?

Actividades y sugerencias

- Continúe escribiendo el libreto a partir de la pregunta: ¿Qué es su Mayéutica?
- Practique el ejercicio "El Círculo de la Plastilina" y "Expresiones"
- Represente la obra teatral: "Sócrates, Platón y Aristóteles inicie el foro formulando a los alumnos algunas preguntas sobre el contenido.
- Adapte teatralmente "El Banquete" de Platón y ensaye.
- Practique el "Círculo de la Respiración", "El coro y el Corifeo" y la "Alegoría de la Caverna".
- Organice un Centro Filosófic y durante el foro, haga las siguientes preguntas: ¿Qué dicen los personajes del amor? y ¿Qué dicen los profesores y alumnos sobre el amor?

Zenón, Epicuro y Pirrón

Personajes

Zenón, Epicuro, Pirrón, Mimos

Ambientación

El escenario debe decorarse como un cementerio, con las tres tumbas de los filósofos en el centro, cuyas lápidas deben tener escrito el nombre, fecha de nacimiento y muerte. Cuando empiece una música suave de fondo, los mimos entran en cámara lenta al cementerio, se acuestan en el suelo y ejecutan "El Círculo Felino". Luego los filósofos se salen de sus tumbas y los mimos los involucran en la expresión corporal. Utilicen "cámara de humo" para que se aprecie mejor el movimiento de los actores, al desplazarse por el escenario.

Zenón: "Al mal tiempo buena cara", esto es, hay que vivir con filosofía

Mimo 1: ¿Qué querrá decir ese señor con sus palabras? *(se burla).*

Mimo 2: No te burles... Se puede ofender *(deben hablar como susurrando, pero que se oiga).*

Mimo 1: No lo creo, esta muerto...

Mimo 2: Pero ha resucitado para decirnos que debemos vivir alegres. ¿No te has enterado, de lo que sucedió en Grecia, cuando esos filósofo vivían?

Mimo 1: No, yo no me he enterado ¿qué paso?

Mimo 2: Escúchame, tú no has oído que Hegel habla de la "Bella totalidad consigo misma" que caracteriza la edad clásica de Grecia. Pues bien, los griegos fueron dueños de su territorio, no obstante, a la muerte de Alejandro en el 323 A. de C., Grecia pasó a depender de un amo extranjero, es decir, Roma llegó a dominar Grecia; acuérdate de los temas que estudiábamos en las clases de historia.

Mimo 1: Sí, ya me acuerdo... La democracia griega; era una berraquera; porque democracia no signific la fuerza del pueblo para tomarse el poder y dominar, sino la extensión de la ciudadanía a todo hombre libre, según el criterio de Justicia planteado por Dracón y Solón quien es uno de los siete sabios de Grecia.

Mimo 2: Si señor... Solón uno de los siete sabios de Grecia...

Mimo 1: Grecia vivió un esplendor de 150 anos, fue realmente ejemplar; lo que se denomina con el nombre de "El Milagro Griego", porque en ese corto lapso de tiempo, los hombres se dedÍcaron a la reflexión e inventaron la Democracia, los géneros literarios, de los que aún nos acreditamos hoy.

Mimo 2: Claro... nuevos géneros literarios, como el ensayo, la tragedia, la comedia, la historia...

Mimo 1: ¿Recuerdas a Esquilo, Sófocles y a Eurípides?

Mimo 2: Sí... Y también "Las Nubes", de Aristófanes, el gran comediante, quien se atrevió a ridiculizar injustamente a Sócrates.

Zenón: *(Con movimientos normales; los mimos conservan movimientos lentos)* ¿De qué hablan ustedes? ¿Por qué susurran tanto?

Mimo 2: Una frase que usted dijo nos llamó la atención: "Al mal tiempo buena cara... Hay que vivir con filosofía"

Zenón: "Vivir feliz, incluso en las circunstancias adversas"... Los romanos se adueñaron de nuestra casa, pero no de nuestros espíritus. Por ende, buscamos la salvación del alma. Toda la filosofí de mi escuela gira en torno a la moral.

Epicuro: Como consecuencia de la dominación romana se destruyó nuestra organización política; sin embargo, Alejandro

Magno, nuestro conquistador, adquirió muchísimas colonias por todo el mundo. Así que mediante este mestizaje se crearon nuevas solidaridades dando origen a la filosofía helenística en su versión del Estoicismo, Epicureísmo y Escepticismo...

Zenón: Yo soy representante del Estoicismo...

Pirrón: Yo, del Escepticismo...

Epicuro: Y yo, del Epicureísmo...

Zenón: Los estoicos aplicamos por primera vez el vocablo "sistema" a la filosofía.. Para nosotros la filosofí es un todo compuesto de partes: la lógica, la física y la moral. No se pueden separar las partes del todo; esto acarrearía una catástrofe universal. Debemos permanecer unidos, porque "la unión hace la fuerza" y el universo está organizado por un principio único.

Epicuro: Y yo en el jardín de mi casa, en Samos, fundé la escuela epicúrea. La doctrina moral de los cirenaicos influyen en mí; también el Atomismo de Leucipo y Demócrito. Yo enseñaba de una manera sencilla y clara; acomodaba las tristes circunstancias de mi época. Con mis discípulos vivía en comunidad, procurábamos vivir en paz y manteníamos la tranquilidad del alma en medio de las circunstancias adversas.

Mimo 1: ¿Podríamos afirma que el epicureísmo es hedonismo?

Epicuro: ¡Muy buena pregunta, jovencito! Un hedonismo o doctrina del placer; pero no del placer por el placer, sino como la ausencia de dolor... Nuestra máxima virtud es la templanza que nos permite dominar los apetitos.

Pirrón: Yo soy Pirrón de Elis... Ya te anuncié que soy un representante del escepticismo, doctrina que niega la posibilidad del conocimiento. El escepticismo no constituyó una escuela bien organizada, sino una manera de pensar común a varias escuelas... Nosotros retomamos el pensamiento de los sofista y condenamos la Razón a la impotencia *(los filósofos regresan a sus tumbas y los mimos finalizan el acto repitiendo el "Círculo Felino")*

Actividades y sugerencias

- Practique el "Círculo Felino", con mucho cuidado para que no tenga un accidente y "Juego de Animales".
- Represente la obra teatral "Zenón, Epicuro y Zenón" en el Centro Filosófico
- Escriba un nuevo libreto de la obra que representó con otros pensadores pertenecientes a la filosofí helenística.
- Espere la continuación de este libro.

San Agustín y Santo Tomás

Personajes

Santo Tomás, Carlos Magno, San Agustín, Alcuino, Criada, Averroes, Shokp, Bailarinas

Ambientación

Un salón de estudio, con una enorme biblioteca.

Santo Tomás: ¿Qué opinas, San Agustín, si hablamos hoy, de la historia medioeval y de su cultura? ¡Me refiero ni más ni menos, que a nuestra filosofía, y a las condiciones reales de existencia, que determinaron el curso de la Edad Media!

San Agustín: ¡Pues, me parece apenas lógico!... Porque, si establecemos las pautas coyunturales de las problemáticas socioeconómicas y culturales, nos damos cuenta, que la Edad Media, no es "oscurantista", como pretendieron demostrar algunos historiadores de la filosofía; por el contrario, la Edad Media, es una época muy rica, desde el punto de vista histórico y cultural.

Santo Tomás: ¡Claro, porque la Edad Media, es un período extensísimo; son quince siglos de profuso pensamiento e historia dramática!

San Agustín: ¡Ésta, es una época importantísima, porque, fíjate que nuestra filosofía utiliza la técnica de las "alianzas". Yo se bien, si no se incorporan fuerzas nuevas a la filosofía ésta, no podrá mantener su sentido!

Santo Tomás: Y qué fuerza nueva, incorporarás tú a la filosofía

San Agustín: La religión, y para los siglos venideros, se generarán fuerzas nuevas, que necesitarán incorporarse a la filosofía, como la ciencia y sus consecuencias técnicas, y mucho más tarde, el Estado. Fíjate, ¿qué es lo que hacen los padres de la Iglesia, con su filosofía patrística, en los Siglos III, IV y V? Ellos, intentan hacer una síntesis de la tradición filosófi helena, y las exigencias doctrinales de las Sagradas Escrituras.

Santo Tomás: ¡Síntesis, que culmina contigo, porque tú eres el máximo representante de la Patrística, y, a través de la lectura de tus obras: Las Confesiones y la Ciudad de Dios, se comprende, perfectamente, que reconcilias el cristianismo con la filosofí helénica, especialmente, cristianizas a Platón.

San Agustín: Esa, no era mi intención, pero reconozco, que admiraba a Platón, y lo dí a conocer universalmente... Tienes toda la razón, en mis obras, se aprecia esa relación con Platón. Mi obra "Las Confesiones", trata de tres asuntos fundamentales: primero, del "exterior", me refiero al mundo, que lo entiendo, no como una sombra o reflejo sino como un mundo verdadero y real, del que podemos partir, para ascender a Dios; segundo, del "interior", me refiero al espíritu del hombre, quien mediante un acto de introspección, puede encontrar a Dios, en lo más recóndito de su alma; el conocimiento verdadero, nace, pues, dentro del sujeto, a quien Dios, ilumina, para que conozca la realidad, y lo que hay mas allá de ella; tercero, de lo "superior", me refier a Dios, ser supremo, plenitud del bien y del amor, creador del mundo, del hombre y de los ángeles.

Santo Tomás: Y qué me dices de la "Ciudad de Dios"; es en esta obra, donde yo veo, más claramente, tu relación con Platón. Tú, hablas de la ciudad terrenal y de la ciudad celestial; tal vez, no es la misma división del mundo, que hace Platón: mundo sensible: ciudad terrenal, y mundo de las ideas: ciudad celestial.

San Agustín: Seguramente; pero, para mí, lo más importante, es que en la Ciudad de Dios, hago un ensayo sobre Filosofía de la Historia; el parecido con Platón, me tiene sin cuidado.

Santo Tomás: ¿Crees tú, que el hombre, como persona, en su dimensión histórica, tiene un destino?

San Agustín: Tiene un noble destino, -diría yo-, el de regresar a la fuente de la verdad, que es Dios. Por esta razón, el hombre tiene que luchar contra el amor egoísta de la ciudad terrena, y practicar el amor altruista de la ciudad de Dios, mediante la ayuda de la providencia divina.

Santo Tomás: Sí, entiendo... con la ayuda de Dios.

San Agustín: Amigo, tú tuviste todo el tiempo necesario, para leer mis obras, en cambio, yo no lo tuve, para leer las tuyas, porque mi muerte aconteció en el 430 D. de C., en pleno apogeo de la invasión de los bárbaros. Convérsame, sobre tu pensamiento.

Santo Tomás: La verdad, es que tenemos toda la noche, para conversar, mi pensamiento, puede esperar; me gustaría, que me contaras, sobre la invasión de los bárbaros.

San Agustín: Hay mucho que contar, pero mi boca esta reseca...

Santo Tomás: Tomemos un poco de vino. Tengo uno bien añejo (destapa una botella, y sirve); me lo regaló un dominico, en París, cuando fuí bachiller, en 1252, (toman vino).

San Agustín: ¡Delicioso!, este mismo vino, lo tomaba San Ambrosio, el presbítero que me bautizó, en el 387.

Santo Tomás: Me he enterado, que formabas parte de una rica familia romana, que llevabas la vida de un joven patricio, en Cartago, y luego en Milán. Si no hubiera sido por la influencia de tu madre, Santa Mónica, no te hubieras convertido al cristianismo, ni te hubieras ordenado sacerdote en el 391, ni elegido obispo de Hipona, en el 396, porque llevabas una vida de libertino. Fuiste escéptico y maniqueísta... ¿No es cierto?

San Agustín*: (Interrumpe)*. Es cierto, pero hablemos, mejor, de los pueblos bárbaros... Los romanos, sabían de la existencia de los germanos, un pueblo del norte de Europa y mas allá de ellos, también existían otros pueblos bárbaros: los eslavos, los uralválticos, los mongoles, los hunos, los ávalos, los magiares y otros muchos... Primero, invadieron los germanos, más tarde los visigodos, borgoñeses y francos. Los hunos, al mando de Atila, llegaron a Roma, en el 452. De tal forma, que se descompone el Imperio Romano; el rey Odoacro, de los herubos, depuso a Rómulo Augusto, –último emperador romano– y se proclamó rey de Italia.

Santo Tomás: ¡Catastrófico! pero me imagino, que los romanos, no se quedaron con las manos cruzadas.

San Agustín: No se quedaron con las manos cruzadas. Fíjate, que Teodosio, emperador romano, fundó el Imperio Bizantino, que duró diez años, precisamente para salvar el mundo civilizado, amenazado por los bárbaros; y el emperador Constantino, en el 330, fundó a Bizancio o Constantinopla, para trasladar allí, la capital del Imperio Romano. Más tarde, en el 395, acontece la escisión del Imperio: el de oriente, con capital Constantinopla, y el de occidente, con capital Roma.

Santo Tomás: ¡Qué maravilla!; entiendo que, Bizancio, llegó a ser más importante que Roma.

San Agustín: Tal vez; lo cierto es que Bizancio, se convierte en el centro de la vida intelectual y social; se transforma en una metrópoli, en el sentido moderno de la palabra, con una eficient empresa industrial y comercial, que logra desarrollar una economía de tipo urbano y monetario.

Santo Tomás: ¿Cuál fué la forma de gobierno bizantino?

San Agustín: El Cesaropapismo...

Santo Tomás: O sea, que el poder, lo ejerce un autócrata. En este sentido, se da la supremacía del Emperador sobre la Iglesia.

San Agustín: Sí, el emperador, se consideraba un “archisacerdote” del Imperio Bizantino. Justiniano, emperador de Oriente, del 527 al 565, fundamentado en la doctrina de los padres de la Iglesia, proclama como ley, que los emperadores, lo son por la gracia de Dios. Se sustituye el viejo mito del origen divino del rey... No todo fue gloria para Bizancio, porque el devenir de la historia, la lleva a una especie de feudalismo, debido a las guerras de los Siglos VI, VII y VIII, soste nidas contra los persas, avaros, eslavos y árabes. Estos acontecimientos, exigieron demasiados gastos, y los emperadores, se vieron en la necesidad de pedir ayuda a los terratenientes, de quienes telminan dependiendo económicamente, para poder mantener un ejército mercenario.

Santo Tomás: ¡No digas! Todo es relativo en esta vida. (Tocan la puerta; entra una sierva). Novedades, ¿ha preguntado alguien por mí?

Criada: Sí, su Reverencia, un Shokp....

Santo Tomás: No le ha dicho, que estoy muy ocupado.

Criada: Sí, padre, pero dice, que quiere entrar.

Santo Tomás: Llámelo *(a San Agustín),* así podremos saber de quién se trata, *(la criada se va, y entra el shokp, haciendo pantomima y declamando).*

Shokp: Leve susurro, amable susurro, tierra musical del universo, un cuco con dulce voz, en la copa de los árboles, partículas de polvo, juegan en el rayo del sol, los terneros están enamorados de la montaña...

Santo Tomás: ¿Quién es usted?

Shokp: Soy un poeta aulico, de los germanos occidentales y meridionales; soy un profesional, especializado en el arte de la poesía.

Santo Tomás: Alguien ha leído esos versos en "Las Memorias de la Academia Prusiana", Sección de Historia y Filosofía, números 7, p. 65. Es poesía primitiva, irlandesa, de la

Alta Edad Media, que evoluciona hacia un naturalismo impresionista.

Shokp: Los irlandeses, sabían encontrar imágenes como ésta: "El pajarillo, ha hecho sonar una flauta en la punta de su brillante pico amarillo; el mirlo, envía, desde la espesura del amarillo árbol, una llamada, por encima de loch laig".

San Agustín: Yo creía, que las aportaciones culturales de los germanos, eran nulas, porque, entre ellos no existía diferencia de clases y su economía, era agrícola.

Shokp: Entre los germanos, existían unos pocos señores terratenientes, quienes hacían cultivar sus propiedades, por siervos...

San Agustín: Considero, que su poesía, es hermosísima.

Shokp: No solo la lírica, sino la épica.

San Agustín: Yo... ¿por qué la épica?

Shokp: De la épica, que hable Carlo Magno.

Santo Tomás: ¡Carlo Magno!, el que fué rey de los francos, en 768.

Shokp: El mismo.

Santo Tomás: El mismo que fue emperador de Occidente, en el 800 d. C.

Shokp: Sí, el mismo.

San Agustín: ¿Dónde está?

Shokp: En la plaza.

Santo Tomás: Vayamos.

Shokp: Sí,vamos... Tendríamos oportunidad de ver bailar a unas danzarinas árabes, *(bajan del escenario y se sientan en la platea, donde está Carlo Magno; mientras las bailarinas, transforman el escenario en una plaza pública, con motivos árabes, en la platea, los personajes conversan).*

Carlo Magno: *(Se levanta y saluda a los visitantes).* San Agustín y Santo Tomás, si no me equivoco.

Shokp: No se equivoca “su majestad”.

Carlo Magno: ¡Qué gusto verlos!, porque yo amé la Iglesia, durante el Renacimiento Carolingio.

Shokp: Del Siglo VIII al IX d. C.

Carlo Magno: Tanto amé la iglesia, que la incorporé en los castillos, en el “ager dominicus”. Emprendí un programa, que no buscaba solamente la renovación cultural, sino la formación de un personal apto, para la administración, porque la Época Merovingia, anterior a la mía, dejó mucho que desear. Mientras que la época merovingia, produjo una decadencia, desde el punto de vista intelectual, yo mandé coleccionar y escribir, los antiguos Cantos bárbaros, por un interés meramente histórico, que yo tenía.

San Agustín: Ya lo sabíamos.

Carlo Magno: Estas narraciones, cuentan las guerras y batallas, donde intervinieron héroes, como Teodorico, Atila, Enmanrico. Estos poemas, correspondían al gusto de las clases inferiores; las gentes distinguidas, preferían los poemas clásicos.

Santo Tomás: Nuestros monjes, hacían recitaciones de estos poemas épicos, para hacer propagandas a sus iglesias.

Carlo Magno: Y de estos poemas, proceden los Cantares de gesta: La Canción de Roldán, los Nibelungos, el Mío Cid, en la Baja Edad Media.

Shokp: ¡Miremos!, ya danzan las beldades. *(Después de la danza, suben al escenario; se encuentran en la plaza, con algunos filósofos de la Plena Edad Media; se saludan y conve san).*

Carlos Magno: Alcuino, que gusto verte.

Santo Tomás: ¿Se conocían?

Carlos Magno: Claro, cuando quise organizar la enseñanza y fundar escuelas, no hallé en el país franco, suficient número de maestros y consejeros; así, que recurrí a los extranjeros. Alcuino, fue mi principal colaborador; llegó de Inglaterra, y su trabajo, me produjo muchas satisfacciones.

Alcuino: Llegué a ser el maestro de la escuela palatina, en el 793. Personalmente, escribí diversos tratados y; especialmente, una obra de psicología: "De la Razón del Alma".

Santo Tomás: ¿Cómo consideras la Filosofía?

Alcuino: Como un saber enciclopédico, o también como "la ciencia de las cosas humanas y divinas". Más que de la Filosofía, me ocupé de la Gramática, y reuní muchos textos antiguos, que Carlo Magno, hizo trasladar de su Biblioteca, de NEW YORK, a su monasterio de San Martín de Tours.

San Agustín: Averroes, ¿por qué los árabes en España?; necesito razones.

Averroes: *(Con túnica y turbante).* Es una historia, larga de contar. En el 711, los árabes, conquistan España y extienden sus dominios, por todo el Mediterráneo. Los árabes, desarrollan no sólo una actividad comercial, sino científica, filosófica y literaria. En el corazón de la España musulmana, conocimos algunas de las más brillantes épocas de la cultura árabe.

Carlo Magno: Y, como consecuencia de la invasión de los árabes, los señores feudales, se aislan socialmente, y desarrollan una economía, eminentemente agraria. Occidente, vive un vacío cultural, que yo trato de llenar, con mi Renacimiento Carolingio.

Santo Tomás: ¿Es esta la época, que se puede denominar, propiamente, el Feudalismo?

Carlo Magno: Sí, el feudalismo, se constituye en una institución, que intenta resolver las dificultades impuestas, principalmente, por esta nueva invasión, la de los árabes. Por ende, se crea un ejército a caballo, dotado de armadura pesada. Para poder mantener esta fuerza militar, el señor feudal, vende parte de sus feudos, que llegan a convertirse en derecho hereditario. Se descentraliza el poder y en cada feudo, gobiernan los propios señores feudales.

Averroes: *(Interrumpe).* Es muy clara su explicación.

Carlo Magno: Como su filosofía jovencito, *(a Averroes).*

Averroes: Mi filosofía como buen aristotélico, afirmo que el alma humana, es la forma del cuerpo. Pero agrego: existe una razón, llamada "hílica", que es eterna. Por medio de ésta, es como el intelecto agente, se pone en relación con el hombre.

Santo Tomás: Yo puedo afirmar, que Aristóteles, está presente en tus obras, ya que he leído, en su totalidad, tus "Comentarios", de las diversas obras de Aristóteles, y la "Incoherencia de la Incoherencia", que considero una obra muy importante, para la filosofí escolástica.

Averroes: Usted ha debido leer mucho.

Santo Tomás: Muchísimo. Yo conozco la traducción latina, que hizo Boecio, de las "Categorías", en el Siglo XII. Leí a Alkendi y Alfarabi, quienes vivieron en Bagdad, durante los Siglos IX y X; ellos tratan de conciliar a Platón y Aristóteles. Considero, que Avicena, fue un lector muy paciente, de la metafísica de Aristóteles; dice, que el intelecto agente, es único para todo el género humano y el intelecto paciente, propio de cada individuo.

Averroes: ¿Conoció usted, la filosofí judía?

Santo Tomás: Naturalmente. Ibn Gabirol, quien vivió en España, en la mitad del Siglo XI, y quien escribió "Fons Vitae", una traducción latina, muy conocida de los escolásticos cristianos del Siglo XIII; este autor, recibe del platonismo, la concepción de un universo jerárquico, pero para él, el supremo, es Dios.

Averroes: Para usted, ¿cuál es el más grande de los filósofos judíos?

Santo Tomás: Tal vez, Moisés Ben Maimón o Maimónides, nacido en Córdoba, en 1135, y quien escribió "Guía de los Indicios", que es, como una suma teológica judía, en la que Aristóteles, vuelve a ocupar un lugar destacado.

San Agustín: Tomás, vámonos para la casa, porque va a llover.

Santo Tomás: Vámonos; hasta pronto, amigos *(se despiden).*

San Agustín: *(Entran al salón de estudio).* Tomás de Aquino, vuelvo a decirte, que me converses sobre tu pensamiento.

Santo Tomás: Mi pensamiento, se ubica dentro de la cultura gótica.

San Agustín: ¿Qué es la cultura gótica?

Santo Tomás: La Cultura Gótica, es el reflejo del movimiento socioeconómico y cultural del momento.

San Agustín: ¿Cuál momento?

Santo Tomás: El Siglo XIII.

San Agustín: ¿Por qué hablas de movimientos socioeconómicos y culturales?

Santo Tomás: Porque, el Feudalismo, en esta época, ya ha decaído; ahora, se afirma la burguesía ciudadana. Por eso, la ciudad medieval, se convierte en el lugar donde los hombres, se ponen en contacto con el mundo, para hacer intercambios de mercancías. El comercio marítimo, resucita, contrario al régimen feudal, que estaba fij en sus tierras. Para negociar, se crea la "letra de cambio", que, es el símbolo del papel en dinero, también por el peligro del bandolerismo, que se generó a partir de las cruzadas. Tienes que enterarte, que el atractivo del dinero, fue enorme para todas las clases sociales. Los señores feudales, necesitan dinero, para adquirir las mercancías, permiten que los siervos, paguen en dinero, sus deudas, inclusive, venden la libertad a los siervos, quienes se convierten en jornaleros asalariados, en los burgos, y enajenan partes de sus bienes, a los burgueses. De tal forma, que los burgueses, aseguran su posición en la sociedad, y determinan el curso de la historia moderna.

San Agustín: Entiendo.

Santo Tomás: Ahora, lo experimental, lo industrial, todo lo visible, recupera su importancia; la naturaleza, se descubre, como suficientement interesante.

San Agustín: Como en la época de los Presocráticos.

Santo Tomás: Sí, son casos similares....

San Agustín: ¿Cuál es la concepción del mundo, de la Cultura Gótica?

Santo Tomás: Es completamente diferente a la feudal. El feudalismo, tiene una visión del mundo, homogénea, cerrada, y la Iglesia, mantiene esta filosofía porque predica el fi del mundo y el juicio universal. En la Cultura Gótica, por el contrario, encontramos un nuevo concepto de verdad, la fe y la ciencia, no se excluyen, sino que se afirman como dos fuentes distintas, que pueden testimoniar una misma verdad. Yo reflej esta mentalidad, para mí, Dios, se alegra de todas las cosas, y cada una de ellas, está en armonía con su esencia. Yo rompo con la mentalidad autocrítica del antiguo feudalismo, que consideraba a Dios, como la causa del movimiento. Yo afirmo un Dios, que está presente en todos los órdenes de la naturaleza.

San Agustín: *(Señalando el estante)*. ¿Son éstas tus obras?

Santo Tomás: Algunas.

San Agustín: *(Lee)*. Libro de las Sentencias, Questiones Disputatae, Summa contra Gentiles, Summa Teológica. ¿Recuerdas qué escribiste en "El Ente y la Esencia"?

Santo Tomás: Sí, recuerdo, pero dejemos que los estudiantes lo consulten.

San Agustín: Despidámonos de estos jóvenes y después nos vamos para la ciudad de Dios *(se despiden)*.

Actividades y sugerencias

- Seleccione los ejercicios que más gustaron y practíquelos en el parque más cercano.
- Ensaye este libreto. La memorización de los parlamentos se logra mediante la práctica continua.
- Si le parece muy extenso el libreto; haga el ejercicio de fragmentarlo, como se hizo con la filosofí griega.
- Cuando haya perfeccionado la obra represéntela ante la comunidad escolar.
- Espere la continuación de este libro.

Bibliografía

AKMAJIAN, Adrian. Lingüística: una introducción al lenguaje y la comunicación, Alianza Editorial, Madrid, 1984.

BOLELAVSKY, Richard. La formación del actor. Editorial Alameda México. 1954.

BOTERO GÓMEZ, Jaime. El arte de actuar. Academia Charlot, primera edición, Bogotá, 1990.

CHATELET, François. Historia de la filosofía Tomos 1, 2, 3, 4, Espasa-Calpe, S.A., Madrid, 1976.

EVREINOV, Nicolás. El teatro en la vida, Editorial Leviatán, Buenos Aires, 1955.

HAUSER, Arnold. Historia social de la literatura y del arte, V.I. Editorial Guadarrama, 17a. edición, Barcelona, 1982.

_______. Volumen 2, Editorial Guadarrama, 17a. edición, Barcelona, 1982.

HOMERO. La Ilíada. Impresora y Editora Mexicana de C.V., sexta edición, Méjico, 1973.

HUISINGA, Jhon. Homo ludens. Alianza Editorial, 2a. edición, Madrid, 1987.

LE BOULCH, Jean. Hacia una ciencia del movimiento humano. Editorial Paidós, la. edición, Buenos Aires, 1978.

PLATÓN, Diálogos. Editorial Porrúa, S.A., vigésima edición, México, 1984.

_______. El Fedón. Editorial Porrúa, México, vigésima edición, 1984.

_______. Apología de Sócrates. Editorial Porrúa, vigésima edición, México, 1984.

SÓFOCLES. Antígona. Salvat Editores, S.A., la. edición, Navarra, 1970.

SOTO APARICIO, Fernando. La rebelión de las ratas. Medellín, Edit. Bedout, 1965.

SPEADS, Carola H. Abc. de la respiración, Ediciones Distribuciones, S.A., la. edición, Madrid, 1980.

Colección

artísticamente
MAGISTERIO

A BAILAR COLOMBIA.
Danzas para la educación básica.
Cielo P. Escobar

CANTEMOS CON LOS NIÑOS.
María I. Castañeda

CÓMO DIBUJAR
Historietas caricaturas y humor.
Jorge Peña

DANZAS FOLCLÓRICAS COLOMBIANAS.
Guía práctica para la enseñanza y aprendizaje.
Cielo Patricia Escobar

DANZAS LÚDICAS PARA PREESCOLAR.
A ritmo de nuestro folclor.
Cielo Patricia Escobar

FÁCIL DIBUJAR. EXPRESIÓN ARTÍSTICA.
Jorge Peña Ramos

LA EXPRESIÓN ARTÍSTICA EN EL PREESCOLAR.
Nohora Muñoz

Colección

artísticamente
MAGISTERIO

A ESCONDIDILLAS.
Montajes teatrales infantiles.
Javier A. Delgadillo

VIVENCIA TEATRAL.
Herencia y memoria escénica.
Rosario Montaña Cuéllar

EL ÁNGEL AZUL
Teatro para jóvenes
Juan Monsalve Pino

JUEGOS TEATRALES.
Sensibilización, improvisaación, construcción de personaje.
Técnicas de actuación.
Gina Patricia Agudelo O.

TEATRO FILOSÓFICO E HISTÓRICO
Sentencia de Oráculo
Martín Zawady Ovalle

www.ingramcontent.com/pod-product-compliance
Lightning Source LLC
La Vergne TN
LVHW080455160826
845677LV00006B/1369

9789582004194